Der kleine Däumling

Der kleine Däumling

UND ANDERE MÄRCHEN
VON ZWERGEN UND RIESEN

Illustrationen
von
Jürgen Pankarz

WELTBILD

Herausgegeben
von
Günter Frorath

Die Märchentexte wurden vom Herausgeber behutsam heutiger Ausdrucksweise und Rechtschreibung angeglichen.

Gebrüder Grimm

Schneewittchen

Es war einmal mitten im Winter, und die Schneeflocken fielen wie Federn vom Himmel herab, da saß eine Königin an einem Fenster, das einen Rahmen von schwarzem Ebenholz hatte, und nähte. Und wie sie so nähte und nach dem Schnee aufblickte, stach sie sich mit der Nadel in den Finger, und es fielen drei Tropfen Blut in den Schnee. Und weil das Rote im weißen Schnee so schön aussah, dachte sie bei sich: ‹Hätt' ich ein Kind so weiß wie Schnee, so rot wie Blut und so schwarz wie das Holz an dem Rahmen.› Bald darauf bekam sie ein Töchterlein, das war so weiß wie Schnee, so rot wie Blut und so schwarzhaarig wie Ebenholz und ward darum das Schneewittchen (Schneeweißchen) genannt. Und wie das Kind geboren war, starb die Königin.

Über ein Jahr nahm sich der König eine andere Gemahlin. Es war eine schöne Frau, aber sie war stolz und übermütig und konnte nicht leiden, daß sie an Schönheit von jemand sollte übertroffen werden. Sie hatte einen wunderbaren Spiegel, wenn sie vor den trat und sich darin beschaute, sprach sie:

‹Spieglein, Spieglein an der Wand,
wer ist die Schönste im ganzen Land?›
So antwortete der Spiegel:
‹Frau Königin, Ihr seid die Schönste im Land.›

Da war sie zufrieden; denn sie wußte, daß der Spiegel die Wahrheit sagte.

Schneewittchen aber wuchs heran und wurde immer schöner, und als es sieben Jahr alt war, war es so schön wie der klare Tag und schöner als die Königin selbst. Als diese einmal ihren Spiegel fragte:

‹Spieglein, Spieglein an der Wand,
wer ist die Schönste im ganzen Land?›

so antwortete er:

‹Frau Königin, Ihr seid die Schönste hier,
aber Schneewittchen ist tausendmal schöner als Ihr.›

Da erschrak die Königin und ward gelb und grün vor Neid. Von Stund an, wenn sie Schneewittchen erblickte, kehrte sich ihr das Herz im Leibe herum, so haßte sie das Mädchen. Und der Neid und Hochmut wuchsen wie ein Unkraut in ihrem Herzen immer höher, daß sie Tag und Nacht keine Ruhe mehr hatte. Da rief sie einen Jäger und sprach: ‹Bring das Kind hinaus in den Wald, ich will's nicht mehr vor meinen Augen sehen. Du sollst es töten und mir Lunge und Leber zum Wahrzeichen mitbringen.› Der Jäger gehorchte und führte es hinaus, und als er den Hirschfänger gezogen hatte und Schneewittchens unschuldiges Herz durchbohren wollte, fing es an zu weinen und sprach:

‹Ach, lieber Jäger, laß mir mein Leben; ich will in den wilden Wald laufen und nimmermehr wieder heimkommen.› Und weil es so schön war, hatte der Jäger Mitleiden und sprach: ‹So lauf hin, du armes Kind.› – ‹Die wilden Tiere werden dich bald gefressen haben›, dachte er, und doch war's ihm, als wär' ein Stein von seinem Herzen gewälzt, weil er es nicht zu töten brauchte. Und als gerade ein junger Frischling dahergesprungen kam, stach er ihn ab, nahm Lunge und Leber heraus und brachte sie als Wahrzeichen der Königin mit. Der Koch mußte sie in Salz kochen, und das boshafte Weib aß sie auf und meinte, sie hätte Schneewittchens Lunge und Leber gegessen.

Nun war das arme Kind in dem großen Wald mutterseelenallein, und ward ihm so angst, daß es alle Blätter an den Bäumen ansah und nicht wußte, wie es sich helfen sollte. Da fing es an zu laufen und lief über die spitzen Steine und durch die Dornen, und die wilden Tiere sprangen an ihm vorbei, aber sie taten ihm nichts. Es lief, solange nur die Füße noch fort konnten, bis es bald Abend werden wollte; da sah es ein kleines Häuschen und ging hinein, sich auszuruhen. In dem Häuschen war alles klein, aber so zierlich und reinlich, daß es nicht zu sagen ist. Da stand ein weißgedecktes Tischlein mit sieben kleinen Tellern, jedes Tellerlein mit seinem Löffelein, ferner sieben Messerlein und Gäblein und sieben Becherlein. An der Wand waren sieben Bettlein nebeneinander aufgestellt und schneeweiße Laken darüber gedeckt. Schneewittchen, weil es so hungrig und durstig war, aß von jedem Tellerlein ein wenig Gemüse und Brot und trank aus jedem Becherlein einen Tropfen Wein; denn es wollte nicht einem allein alles wegnehmen. Hernach, weil es müde war, legte es sich in ein Bettchen, aber keins paßte; das eine war zu lang, das andere zu kurz, bis endlich das siebente recht war: und darin blieb es liegen, befahl sich Gott und schlief ein.

Als es ganz dunkel geworden war, kamen die Herren von dem Häuslein: das waren die sieben Zwerge, die in den Bergen nach Erz hackten und gruben. Sie zündeten ihre sieben Lichtlein an, und wie es nun hell im Häuslein ward, sahen sie, daß jemand darin gewesen war; denn es stand nicht alles so in der Ordnung, wie sie es verlassen hatten. Der erste sprach: ‹Wer hat auf meinem Stühlchen gesessen?› Der zweite: ‹Wer hat von meinem Tellerchen gegessen?› Der dritte: ‹Wer hat von meinem Brötchen genommen?› Der vierte: ‹Wer hat von meinem Gemüschen gegessen?› Der fünfte: ‹Wer hat mit meinem Gäbelchen gestochen?› Der sechste: ‹Wer hat mit meinem Messerchen geschnitten?› Der siebente: ‹Wer hat aus meinem Becherlein getrunken?› Dann sah sich der erste um und sah, daß auf seinem Bett eine kleine Delle war; da sprach er: ‹Wer hat in mein Bettchen getreten?› Die andern kamen gelaufen und riefen: ‹In meinem hat auch jemand gelegen.› Der siebente aber, als er in sein Bett sah, erblickte Schneewittchen, das lag darin und schlief. Nun rief er die andern, die kamen herbeigelaufen und schrieen vor Verwunderung, holten ihre sieben Lichtlein und beleuchteten Schneewittchen. ‹Ei, du mein Gott! ei, du mein Gott!› riefen sie, ‹was ist das Kind so schön!› und hatten so große Freude, daß sie es nicht aufweckten, sondern im Bettlein fortschlafen ließen. Der siebente Zwerg aber schlief bei seinen Gesellen, bei jedem eine Stunde: da war die Nacht herum.

Als es Morgen war, erwachte Schneewittchen, und wie es die sieben Zwerge sah, erschrak es. Sie waren aber freundlich und fragten: ‹Wie heißt du?› – ‹Ich heiße Schneewittchen›, antwortete es. ‹Wie bist du in unser Haus gekommen?› sprachen weiter die Zwerge. Da erzählte es ihnen, daß seine Stiefmutter es hätte wollen umbringen lassen, der Jäger hätte ihm aber das Leben geschenkt, und da wär' es gelaufen den ganzen Tag, bis es endlich ihr Häuslein gefunden hätte. Die Zwerge sprachen: ‹Willst du unsern Haushalt versehen, kochen, betten, waschen, nähen und stricken, und willst du alles ordentlich und reinlich halten, so kannst du bei uns bleiben, und es soll dir an nichts fehlen.› - ‹Ja›, sagte Schneewittchen, ‹von Herzen gern›, und blieb bei ihnen. Es hielt ihnen das Haus in Ordnung: Morgens gingen sie in die Berge und suchten Erz und Gold, abends kamen sie wieder, und da mußte ihr Essen bereit sein. Den Tag über war das Mädchen allein; da warnten es die guten Zwerglein und sprachen: ‹Hüte dich vor deiner Stiefmutter, die wird bald wissen, daß du hier bist; laß ja niemand herein.›

Die Königin aber, nachdem sie Schneewittchens Lunge und Leber glaubte gegessen zu haben, dachte nicht anders als, sie wäre wieder die Erste und Allerschönste, trat vor ihren Spiegel und sprach:

‹Spieglein, Spieglein an der Wand,
wer ist die Schönste im ganzen Land?›

Da antwortete der Spiegel:

‹Frau Königin, Ihr seid die Schönste hier,
aber Schneewittchen über den Bergen
bei den sieben Zwergen
ist noch tausendmal schöner als Ihr.›

Da erschrak sie; denn sie wußte, daß der Spiegel keine Unwahrheit sprach, und merkte, daß der Jäger sie betrogen hatte und Schneewittchen noch am Leben war. Und da sann und sann sie aufs neue, wie sie es umbringen wollte; denn, solange sie nicht die Schönste war im ganzen Land, ließ ihr der Neid keine Ruhe. Und als sie sich endlich etwas ausgedacht hatte, färbte sie sich das Gesicht und kleidete sich wie eine alte Krämerin und war ganz unkenntlich. In dieser Gestalt ging sie über die sieben Berge zu den sieben Zwergen, klopfte an die Türe und rief: ‹Schöne Ware feil! feil!› Schneewittchen guckte zum Fenster heraus und rief: ‹Guten Tag, liebe Frau, was habt Ihr zu verkaufen?› ‹Gute Ware, schöne Ware›, antwortete sie, ‹Schnürriemen von allen Farben›, und holte einen hervor, der aus bunter Seide geflochten war. ‹Die ehrliche Frau kann ich herein lassen›, dachte Schneewittchen, riegelte die Türe auf und kaufte sich den hübschen Schnürriemen. ‹Kind›, sprach die Alte, ‹wie du aussiehst! Komm, ich will dich einmal ordentlich schnüren.› Schneewittchen hatte kein Arg, stellte sich vor sie und ließ sich mit dem neuen Schnürriemen schnüren: aber die Alte schnürte geschwind und schnürte so fest, daß dem Schneewittchen der Atem verging und es wie tot hinfiel. ‹Nun bist du die Schönste gewesen›, sprach sie und eilte hinaus.

Nicht lange darauf, zur Abendzeit, kamen die sieben Zwerge nach Haus, aber wie erschraken sie, als sie ihr liebes Schneewittchen auf der Erde liegen sahen; und es regte und bewegte sich nicht, als wäre es tot. Sie hoben es in die Höhe, und weil sie sahen, daß es zu fest geschnürt war, schnitten sie den Schnürriemen entzwei: da fing es an ein wenig zu atmen und ward nach und nach wieder lebendig. Als die Zwerge hörten, was geschehen war, sprachen sie: ‹Die alte Krämerfrau war niemand als die gottlose Königin: hüte dich und laß keinen Menschen herein, wenn wir nicht bei dir sind.›

Das böse Weib aber, als es nach Haus gekommen war, ging vor den Spiegel und fragte:

‹Spieglein, Spieglein an der Wand,
wer ist die Schönste im ganzen Land?›

Da antwortete er wie sonst:

‹Frau Königin, Ihr seid die schönste hier,
aber Schneewittchen über den Bergen
bei den sieben Zwergen
ist noch tausendmal schöner als Ihr.›

Als sie das hörte, lief ihr alles Blut zum Herzen, so erschrak sie; denn sie sah wohl, daß Schneewittchen wieder lebendig geworden war. ‹Nun aber›, sprach sie, ‹will ich etwas aussinnen, daß dich zu Grunde richten soll›, und mit Hexenkünsten, die sie verstand, machte sie einen giftigen Kamm. Dann verkleidete sie sich und nahm die Gestalt eines andern alten Weibes an. So ging sie hin über die sieben Berge zu den sieben Zwergen, klopfte an die Türe und rief: ‹Gute Ware feil! feil!› Schneewittchen schaute heraus und sprach: ‹Geht nur weiter, ich darf niemand hereinlassen.› – ‹Das Ansehen wird dir doch erlaubt sein›, sprach die Alte, zog den giftigen Kamm heraus und hielt ihn in die Höhe. Da gefiel er dem Kinde so gut, daß es sich betören ließ und die Türe öffnete. Als sie des Kaufs einig waren, sprach die Alte: ‹Nun will ich dich einmal ordentlich kämmen.› Das arme Schneewittchen dachte an nichts und ließ die Alte gewähren, aber kaum hatte sie den Kamm in die Haare gesteckt, als das Gift darin wirkte und das Mädchen ohne Besinnung niederfiel. ‹Du Ausbund von Schönheit›, sprach das boshafte Weib, ‹jetzt ist's um dich geschehen›, und ging fort. Zum Glück aber war es bald Abend, wo die sieben Zwerglein nach Haus kamen. Als sie Schneewittchen wie tot auf der Erde liegen sahen, hatten sie gleich die Stiefmutter in Verdacht, suchten nach und fanden den giftigen Kamm, und kaum hatten sie ihn herausgezogen, so kam Schneewittchen wieder zu sich und erzählte, was vorgegangen war. Da warnten sie es noch einmal, auf seiner Hut zu sein und niemand die Türe zu öffnen.

Die Königin stellte sich daheim vor den Spiegel und sprach:

‹Spieglein, Spieglein an der Wand,
wer ist die Schönste im ganzen Land?›

Da antwortete er wie vorher:

‹Frau Königin, Ihr seid die Schönste hier,
aber Schneewittchen über den Bergen
bei den sieben Zwergen
ist doch noch tausendmal schöner als Ihr.›

Als sie den Spiegel so reden hörte, zitterte und bebte sie vor Zorn. ‹Schneewittchen soll sterben›, rief sie, ‹und wenn es mein eignes Leben kostet.› Darauf ging sie in eine ganz verborgene einsame Kammer, wo niemand hinkam, und machte da einen giftigen Apfel. Äußerlich sah er schön aus, weiß mit roten Backen, daß jeder, der ihn erblickte, Lust danach bekam, aber wer ein Stückchen davon aß, der mußte sterben. Als der Apfel fertig war, färbte sie sich das Gesicht und verkleidete sich in eine Bauersfrau, und so ging sie über die sieben Berge zu den sieben Zwergen. Sie klopfte an, Schneewittchen streckte den Kopf zum Fenster heraus und sprach: ‹Ich darf keinen Menschen einlassen, die sieben Zwerge haben mir's verboten.› – ‹Mir auch recht›, antwortete die Bäuerin, ‹meine Äpfel will ich schon loswerden. Da, einen will ich dir schenken.› – ‹Nein›, sprach Schneewittchen, ‹ich darf nichts annehmen.› – ‹Fürchtest du dich vor Gift?› sprach die Alte, ‹siehst du, da schneide ich den Apfel in zwei Teile; den roten Backen iß du, den weißen will ich essen.› Der Apfel war aber so künstlich gemacht, daß der rote Backen allein

vergiftet war. Schneewittchen schaute den schönen Apfel an, und als es sah, daß die Bäuerin davon aß, so konnte es nicht länger widerstehen, streckte die Hand hinaus und nahm die giftige Hälfte. Kaum aber hatte es einen Bissen davon im Mund, so fiel es tot zur Erde nieder. Da betrachtete es die Königin mit grausigen Blicken und lachte überlaut und sprach: ‹Weiß wie Schnee, rot wie Blut, schwarz wie Ebenholz! Diesmal können dich die Zwerge nicht wieder erwecken.› Und als sie daheim den Spiegel befragte:

‹Spieglein, Spieglein an der Wand,
wer ist die Schönste im ganzen Land?›

so antwortete er endlich:

‹Frau Königin, Ihr seid die Schönste im Land.›

Da hatte ihr neidisches Herz Ruhe, so gut ein neidisches Herz Ruhe haben kann.

Die Zwerglein, wie sie abends nach Haus kamen, fanden Schneewittchen auf der Erde liegen, und es ging kein Atem mehr aus seinem Mund, und es war tot. Sie hoben es auf, suchten, ob sie was Giftiges fänden, schnürten es auf, kämmten ihm die Haare, wuschen es mit Wasser und Wein, aber es half alles nichts; das liebe Kind war tot und blieb tot. Sie legten es auf eine Bahre und setzten sich alle siebene daran und beweinten es und weinten drei Tage lang. Da wollten sie es begraben, aber es sah noch so frisch aus wie ein lebender Mensch und hatte noch seine schönen roten Backen. Sie sprachen: ‹Das können wir nicht in die schwarze Erde versenken›, und ließen einen durchsichtigen Sarg von Glas machen, daß man es von allen Seiten sehen konnte, legten es hinein und schrieben mit goldenen Buchstaben seinen Namen darauf und, daß es eine Königstochter wäre. Dann setzten sie den Sarg hinaus auf den Berg, und einer von ihnen blieb immer dabei und bewachte ihn. Und die Tiere kamen auch und beweinten Schneewittchen, erst eine Eule, dann ein Rabe, zuletzt ein Täubchen.

Nun lag Schneewittchen lange, lange Zeit in dem Sarg und verweste nicht, sondern sah aus, als wenn es schliefe; denn es war noch so weiß wie Schnee, so rot wie Blut und so schwarzhaarig wie Ebenholz. Es geschah aber, daß ein Königssohn in den Wald geriet und zu dem Zwergenhaus kam, da zu übernachten. Er sah auf dem Berg den Sarg und das schöne Schneewittchen darin und las, was mit goldenen Buchstaben darauf geschrieben war. Da sprach er zu den Zwergen: ‹Laßt mir den Sarg, ich will euch geben, was ihr dafür haben wollt.› Aber die Zwerge antworteten: ‹Wir geben ihn nicht um alles Gold in der Welt.› Da sprach er: ‹So schenkt ihn mir; denn ich kann nicht leben, ohne Schneewittchen zu sehen, ich will es ehren und hochachten wie mein Liebstes.› Wie er so sprach, empfanden die guten Zwerglein Mitleiden mit ihm und gaben ihm den Sarg.

Der Königssohn ließ ihn nun von seinen Dienern auf den Schultern forttragen. Da geschah es, daß sie über einen Strauch stolperten, und von dem Erschüttern fuhr der giftige Apfelgrütz, den Schneewittchen abgebissen hatte, aus dem Hals. Und nicht lange, so öffnete es die Augen, hob den Deckel vom Sarg in die Höhe und richtete sich auf und war wieder lebendig. ‹Ach Gott, wo bin ich?› rief es. Der Königssohn sagte voll Freude: ‹Du bist bei mir›, und erzählte, was sich zugetragen hatte, und sprach: ‹Ich habe dich lieber als alles auf der Welt; komm mit mir in meines Vaters Schloß, du sollst meine Gemahlin werden.› Da war ihm Schneewittchen gut und ging mit ihm, und ihre Hochzeit ward mit großer Pracht und Herrlichkeit angeordnet.

Zu dem Fest wurde aber auch Schneewittchens gottlose Stiefmutter eingeladen. Wie sie sich nun mit schönen Kleidern angetan hatte, trat sie vor den Spiegel und sprach:

‹Spieglein, Spieglein an der Wand,
wer ist die Schönste im ganzen Land?›

Der Spiegel antwortete:

‹Frau Königin, Ihr seid die Schönste hier,
aber die junge Königin ist tausendmal schöner als Ihr.›

Da stieß das böse Weib einen Fluch aus, und ward ihr so angst, so angst, daß sie sich nicht zu lassen wußte. Sie wollte zuerst gar nicht auf die Hochzeit kommen: doch ließ es ihr keine Ruhe, sie mußte fort und die junge Königin sehen. Und wie sie hineintrat, erkannte sie Schneewittchen, und vor Angst und Schrecken stand sie da und konnte sich nicht regen. Aber es waren schon eiserne Pantoffeln über Kohlenfeuer gestellt und wurden mit Zangen hereingetragen und vor sie hingestellt. Da mußte sie in die rotglühenden Schuhe treten und so lange tanzen, bis sie tot zur Erde fiel.

Charles Perrault
Der kleine Däumling

Es waren einmal ein armer Mann und eine arme Frau, und die hatten viele Kinder. Nicht weniger als sieben und alles Knaben. Der älteste war nicht älter als zehn Jahre, der jüngste war erst dreijährig. Das kam daher, daß der Storch, ein besonders starker Storch, ihnen manchmal zwei in einem Jahre brachte.

Der jüngste war klein, sehr klein, ja außerordentlich klein, und weil er, als er zur Welt kam, nicht größer war als ein Daumen, nannte man ihn den Däumling. Es ist das derselbe Däumling, der nachher so berühmt geworden. Aber das Sprichwort sagt:

‹Klein und keck
schlägt die Großen weg.›

Der kleine Däumling war klug, klüger als alle seine Brüder, sprach wenig und hörte und merkte viel.

Da kam eine große Hungersnot ins Land. Die armen Leute hatten kein Brot für die vielen Kinder. Und weil sie die Kinder nicht mit eigenen Augen vor Hunger sterben sehen wollten, dachten sie daran, sich ihrer zu entledigen. Abends, als die Kinder schon zu Bette waren, sagte der Mann zu der Frau: ‹Du siehst, es geht nicht länger. Wir werden die Kinder in den Wald führen und sie dort verlieren.›

‹In den Wald›, rief die Mutter erschrocken, ‹in den düstern, düstern Wald! Ach, meine armen Kinder!›

So schrie und weinte sie noch lange und wollte die Kinder nicht in den düstern, düstern Wald führen und sie dort verlieren. Aber am Ende begriff sie doch, daß sie das Elend nicht länger mit ansehen konnte, und als eine gehorsame und brave Frau, die sie war, sagte sie, daß sie tun wolle, wie ihr Mann befehle. Und darauf gingen sie schlafen.

Aber der kleine Däumling hatte alles gehört. Wie er merkte, daß Vater und Mutter Geheimnisse besprachen, kroch er leise, leise aus dem Bette und unter den Schemel seines Vaters, und da hat er alles gehört. In den Wald gehen, in den düstern, düstern Wald, dachte der kleine Däumling, und uns dort verlieren? Nein! – Er legte sich aufs Ohr, dachte nach und stand früh am Morgen wieder auf. Er ging hinaus an den Bach und füllte sich die Taschen mit kleinen weißen Kieselsteinen. ‹Jetzt wollen wir mal sehen›, dachte er und klopfte stolz auf die Tasche, als wären darin lauter Goldstücke.

Dann ging's in den Wald, der Vater mit der Axt auf der Schulter voran, die Mutter nach, dann die sieben Buben hintereinander wie die Orgelpfeifen. Der kleine Däumling, der zuletzt ging, sagte nichts, gar nichts sagte er, aber er dachte sich sein Teil. Und wie sie in den Wald kamen, darin es wirklich düster, sehr düster, ja so dunkel war, daß man kaum seinen Vordermann sah, ließ er nach und nach, und ohne daß es jemand merkte, die Steinchen fallen und säte sie so den ganzen Weg entlang. Gute Saat, dachte er, trägt gute Früchte. Und wie sie tief, tief drin im Walde waren, sagte der Vater: ‹Jetzt, Buben, sammelt trockenes Holz, machet Reisigbündel und seid recht fleißig.› Sie gehorchten, bückten sich alle und waren emsig bei der Suche. Vater und Mutter machten sich eine Ausrede, schlichen in die Gebüsche, und da sie die Kinder nicht mehr sehen konnten, fingen sie an zu laufen und liefen immer weiter, bis sie zu Hause waren. Als die Kinder merkten, daß sie allein und verlassen waren in dem tiefen, tiefen Wald, fingen sie gewaltig an zu schreien und zu weinen. Der kleine Däumling schrie und weinte nicht und sagte auch nichts. Er saß auf einem abgesägten Baumstamm, steckte die Hände in die Hosentaschen und dachte: ‹Weint ihr euch nur recht aus!›

Dann sagte er: ‹Jetzt ist genug geweint! Seid ihr Männer? Ich bin einer. Vater und Mutter haben euch hier steckenlassen, ich führe euch wieder heim. Auf, mir nach!›

Wie gesagt, so getan. Sie folgten ihm, und er führte sie auf demselben Wege, auf dem sie gekommen waren und den er sich mit den Steinchen bezeichnet hatte, aus dem Walde bis vors Haus. Aber sie hatten nicht den Mut einzutreten. Sie legten die Ohren an die Türe und horchten. Da drin ging's hoch her. Der Gutsherr hatte mittlerweile zehn blanke Taler als Hilfe für die große Familie geschickt, die Mutter hatte Brot, Fleisch und Würste geholt, zehnmal soviel, als sie brauchten, denn sie waren sehr hungrig. Als sie sich voll und satt gegessen hatten, daß sie nicht weiter konnten, rief die Mutter: ‹Ach, meine armen Kinder! Wo sind jetzt meine armen Kinder? Gewiß hat sie schon der Wolf gefressen, dieweil sie selbst so gut essen könnten, wenn sie hier wären! Wo sind meine armen Kinder?›

Sie rief das so oft, daß der Alte ungeduldig wurde und ihr zu schweigen befahl, weil ihn das Gewissen zu plagen anfing. Um dieses und die Frau, die sich nichts befehlen ließ, zum Schweigen zu bringen, hob er endlich die Hand auf, um sie zu prügeln.

Sie aber rief immer: ‹Wo sind jetzt meine armen Kinder?›

Als sie es so ungefähr zum zwanzigsten Male rief, sprang die Türe auf, und die Kinder schrien alle zusammen: ‹Hier sind wir! Hier sind wir!›

Das war aber eine Freude, daß es gar nicht zu sagen ist, um so mehr, als die Kinder schnell ihre Schüsselchen holten und die Mutter ebenso schnell aus dem Kessel schöpfte und die Schüsselchen füllte. Die Kinder aßen und erzählten und erzählten und aßen, und letzteres so gut, daß nur vom Zusehen der Vater neuen Appetit bekam und die Mutter zum zweiten Male satt wurde. Die Freude dauerte noch die nächsten Tage hindurch, gerade so lange, wie die zehn Taler dauerten.

Als diese dahin waren, kehrte das alte Elend zurück, und Vater und Mutter beschlossen, die Kinder wieder in den Wald zu führen, und zwar viel weiter als das erste Mal, um ihrer Sache sicher zu sein. Der kleine Däumling, der auf seiner Hut war und die Alten beobachtete, hatte auch diesmal ihr Gespräch belauscht. Gut, dachte er, jetzt weiß ich, wie man's macht. Aber er hatte die Rechnung ohne den Wirt gemacht, denn als er gegen Morgen hinausschleichen wollte an den Bach, um wieder Steinchen zu sammeln, war die Türe geschlossen, und er konnte nicht hinaus. ‹Gott verläßt die Seinen nicht›, dachte er, ‹es wird sich schon was finden.›

Als sie dann in den Wald zogen und die Mutter jedem noch ein Stück Brot in die Tasche steckte, dachte er: ‹Siehst du wohl, da hast du das Brot. Waren es früher die Kieselsteine, so sind es jetzt die Brotkrumen. Freilich würde ich sie lieber verschlucken, aber was ist zu machen? Man muß sich strecken nach der Decken.› Diesmal ging's viel, viel tiefer in den Wald, an eine Stelle, wo es dicht und dunkel war, ganz, ganz dicht, ganz, ganz dunkel. Die Alten machten sich wieder eine Ausrede, krochen ins Gebüsch, und fort waren sie. Da ging wieder das Geweine und Geschrei los, und dabei sahen alle den kleinen Däumling an. Er war ruhig, legte die Hände auf den Rücken und sagte nur: ‹Vorwärts!› wie einer, der seiner Sache ganz sicher ist. Aber Hochmut kommt vor dem Fall. Die Brotkrumen, die er auf den Weg gestreut, hatten die Vögel aufgepickt. Keine Spur war mehr da, und nun war guter Rat teuer. Dennoch gingen sie darauflos, aber je weiter sie gingen, desto mehr verirrten sie sich und desto tiefer kamen sie in den dichten, tiefen, düstern Wald.

Es regnete, und der Wind heulte, und sie glaubten, es wären die Wölfe, die so heulten, und hatten große Angst – besonders als es Nacht wurde, stockdunkle, pechrabenschwarze, mutterseelenalleinige Nacht. Sie wußten nicht wo aus, wo ein. Der kleine Däumling – immer der kleine Däumling voran, denn sein Grundsatz war: Selbst ist der Mann! – kletterte einen hohen, dicken Baum hinan, der alle andern Bäume des Waldes überragte, und blickte nach allen Seiten aus. Nach drei Seiten sah er gar nichts, aber von der vierten Seite her kam ihm aus der Tiefe, durchs Gebüsch, aber noch aus weiter Ferne, ein Lichtschimmer entgegen. ‹Gut›, dachte er, ‹durch Nacht zum Licht!› und ließ sich wieder vom Baume heruntergleiten zu den Brüdern, die alle unten standen und hinaufsahen. Aber unten angekommen, war's wieder nichts, denn das Licht war verschwunden. Doch hatte er sich die Richtung gemerkt und wanderte nach jener Seite – bergauf, bergab. Das Licht tauchte auf und verschwand wie ein Irrlicht. ‹Sich nur nicht irremachen lassen!› dachte der Däumling, und die andern stelzten hinter ihm her. So gelangten sie endlich an das Haus, aus dem das Lichtlein gekommen war, und riefen und pochten.

Eine gute Frau kam heraus und fragte, wer sie seien und was sie wollten.

‹Hungrige, durchnäßte, müde, im Walde verirrte arme Kinder sind wir›, antwortete der Däumling, ‹und möchten um Gottes willen um ein Stück Brot und ein Nachtlager gebeten haben.›

‹Ach ihr armen, guten Kindlein›, rief die Frau und fing zu weinen an, ‹wißt ihr denn auch, wohin ihr geraten seid? In diesem Hause wohnt ein Riese, der die Kinder frißt.›

Da fingen sie alle an vor Angst zu zittern, auch der Däumling, doch sagte er: ‹Es ist gewiß nicht schön, Kinder zu fressen, noch weniger schön ist es, gefressen zu werden, und zwar als Kind. Aber was ist zu tun? Draußen ist's finster und sind die Wölfe, so gehen wir doch lieber ins Haus. Vielleicht gelingt es dir, gute Frau, das Herz deines Gatten zu rühren, vielleicht hat er eben keinen Appetit. Auch sind wir so mager, und ich bin so klein. Man muß es wagen und sehen, wie es weitergeht. Gewöhnlich werden doch nur die gefressen, die sich fressen lassen.›

Die gute Frau ließ sich überreden, hoffend, die Kleinen während der einen Nacht vor dem Riesen verbergen zu können. Sie führte sie in die Stube und setzte sie ans Feuer, wo ein ganzer Hammel am Spieße stak, daß sie sich wärmen und trocknen sollten. Aber kaum hatten sie sich's ein wenig gemütlich gemacht, als sich draußen schwere Schritte und an der Türe ein furchtbares Gepolter hören ließen.

‹Da kommt der Riese, mein Mann!› rief die Frau erschrocken und schob rasch die Kinder unters Bett. Der Riese fragte sogleich, ob das Nachtessen fertig, ob genug Wein abgezapft sei, und lauter solche Fragen. Er setzte sich an den Tisch und verzehrte den Hammel, der noch ganz blutig war. Der kleine Däumling, der ihn von unter dem Bette aus beobachtete, dachte: ‹Nun, der kann essen! Für den ist ein Mann wie ich nur ein Bissen. Aber wenn er mich frißt, so soll er mich wenigstens nicht verdauen.›

Als der Riese mit Essen fertig war, erhob er die Nase und fing an, nach allen Seiten herumzuschnüffeln.

‹Ich rieche, rieche Menschenfleisch›, sagte er unheimlich.

‹Es wird wohl nur das Kalb sein›, sagte seine Frau, ‹das Kalb, das ich für dich abgezogen habe.›

‹Schweig›, rief der Riese zornig, ‹darauf verstehe ich mich! Ich rieche, rieche Menschenfleisch!› - Und so sprechend ging er, immer schnüffelnd, geradewegs seiner Nase folgend, auf das Bett los.

‹Ach, treuloses Weib›, schrie er sichtlich entrüstet, ‹du hast Geheimnisse vor mir, du willst mich täuschen, du rücksichtsloses, pflichtvergessenes Weib! Nichts als deine Magerkeit hält mich ab, sonst fräße ich dich selber!› Sein Gesicht klärte sich wieder auf, wie er einen Knaben nach dem andern unter dem Bette an den Beinen hervorzog.

‹Herrliche Bissen! Prächtiges Wildbret!› murmelte er und leckte sich dabei die Lippen ab - ‹das trifft sich gut, da ich gerade drei Riesen, meine Freunde, dieser Tage zu Tische habe.›

Die armen Kinder schrien, umklammerten seine Knie und Füße und baten um ihr Leben, während das Ungeheuer sie betastete, die guten Bissen lobte und nur von der Sauce sprach, in der sie genossen werden müßten. Es war nämlich einer der furchtbarsten Menschenfresser. Er zog sein großes Messer, schliff es und packte dann einen der Knaben, als seine Frau sagte: ‹Aber warum willst du sie heute schon schlachten? Ist nicht morgen Zeit?›

‹Was du heute kannst besorgen, verschiebe nicht auf morgen!› antwortete der Riese.

‹Aber es ist noch viel anderes Fleisch da, das geht ja alles verdorben.›

‹Das ist richtig. Also füttere sie gut, daß sie mir nicht abmagern, und bringe sie dann zu Bette.›

‹Zeit gewonnen, alles gewonnen!› dachte der Däumling und ließ sich's schmecken, dann folgte er mit den Brüdern der guten Frau in die obere Stube, wo sie sich alle sieben in ein großes, breites Bett legten. In derselben Stube, in einem gleich großen, breiten Bette schliefen die sieben Töchter des Riesen, junge, ebenfalls zum Menschenfleischessen geborene Riesinnen. Sie sahen sehr wohlgenährt, hübsch und frisch aus, wie alle, die von andern leben. Ihre Vorderzähne waren sehr lang und gingen breit auseinander. Noch waren sie nicht sehr bösartig, aber sie berechtigten zu den schönsten Hoffnungen, denn wo sie ein Kind erwischen konnten, bissen sie drein. Auf ihren Köpfen trugen die sieben Mädchen sieben Kronen. Das bemerkte der kleine Däumling sogleich, und kaum hatte die gute Frau die Stube verlassen, als er ihnen die Kronen abnahm und ihnen dafür sieben Mützen, seine eigene und die seiner Brüder, aufsetzte. Sie merkten nichts davon, da sie einen riesig tiefen Schlaf hatten. Sich und den Brüdern aber, welche ebenfalls bereits schliefen, setzte er die sieben Kronen auf. Man kann nicht wissen, wozu das gut ist, dachte er.

In seiner Herzensfreude über den guten Fang hatte der Kinderfresser etwas zu tief ins Glas gesehen, und als er sich endlich ins Bett gelegt, ließ ihn der Gedanke an die guten Braten nicht schlafen. Er warf sich unruhig hin und her und konnte kein Auge schließen.

‹Ich würde wohl besser schlafen, wenn ich die Sache vom Herzen hätte› dachte er. ‹Das Gute und Nützliche soll man nicht aufschieben.› Er erhob sich leise, nahm das Messer und schlich sich, um seine Frau, deren Widerspruch er fürchtete, nicht zu wecken, im Dunkeln davon. Er tappte die Treppe hinauf in das Kinderzimmer und an das Bett der Knaben. Weitertappend fühlte er die Kronen.

‹Teufel›, sagte er, ‹da hätte ich was Rechtes angerichtet, hätte beinahe meine eigenen Kinder abgeschlachtet anstatt der fremden Buben.›

‹Siehst du wohl›, dachte der kleine Däumling, der noch wachte.

Der Riese tappte sich weiter an das andere Bett, und als er da die Bubenmützen fühlte, sagte er: ‹Aha, jetzt bin ich an den Kerlchen! Drauflos!›

Und so sprechend schnitt er den sieben Kinderfresserinnen der Zukunft ihre sämtlichen Kehlen ab, und beruhigt ging er in sein Bett zurück und schnarchte bald so gewaltig, daß die Wände zitterten.

‹Schlaf wohl!› sagte der Däumling, wie er ihn schnarchen hörte, weckte seine Brüder, lispelte ihnen leise zu, sich in aller Stille anzukleiden und ihm zu folgen.

Sie schlichen die Treppe hinab in den Hof, der Däumling immer voraus, sprangen über die Mauer, und fort ging's in den Wald hinein, aufs Geratewohl. Überall besser, selbst im wildesten Wald, als bei bösen Menschen.

Als der Riese spät am Morgen erwachte, sagte er schmunzelnd zu seiner Gattin: ‹Geh mal hinauf und putz mir die sieben Buben recht schön heraus.› Sie tat, wie er sagte. Aber als sie in die Stube trat und die sieben Mädchen mit abgeschnittenen Kehlen daliegen sah, stieß sie einen gewaltigen Schreckens- und Schmerzensschrei aus und fiel in Ohnmacht. Auf den Schrei und Fall eilte der Riese herbei, sah die Bescherung und fluchte heidenmäßig.

‹Meine Siebenmeilenstiefel! Meine Siebenmeilenstiefel!› schrie er und schrie es noch immer, als er sie schon in der Hand hatte und anzog. ‹Die Spitzbuben sollen mir nicht entkommen und den Streich büßen!› - Die Siebenmeilenstiefel waren eine der schönsten Erfindungen der alten Zeit, nur befanden sie sich leider nicht immer in den besten Händen. Wer sie an den Füßen hatte, legte mit jedem Schritt sieben Meilen zurück, also mit zehn Schritten nicht weniger als siebzig Meilen. Mit diesen Siebenmeilenstiefeln stieg der Riese über Berg und Tal, hin und her, die Kreuz und Quer, immer nach den Knaben suchend. Diese waren schon in der Nähe ihrer Heimat, als sie den fürchterlichen Mann daherstiefeln sahen, über hohe Berge und breite Ströme und unendliche Wälder dahinschreitend, als wäre es nichts. Ach, da wurde ihnen ganz weh zumute. Sie befanden sich gerade an einem Felsen mit einer Höhle. Da schob sie Däumling alle hinein und sich auch, nur daß er das kleine Köpfchen herausstreckte, um zu beobachten, was der Schreckliche anfangen oder ob er sich aus der Gegend verziehen werde.

Der Riese, der in seiner Wut arg hin und her gelaufen war, fühlte sich etwas müde, legte sich auf den Felsen, schlief ein und schnarchte bald so fürchterlich wie in der letzten Nacht. Däumling, der dieses Geschnarch schon kannte, sagte zu seinen Brüdern: ‹Jetzt ist nichts zu fürchten; macht euch auf die Strümpfe, laufet nach Hause, grüßet mir Vater und Mutter und seid meinetwegen nicht besorgt. Ich werde mit so einem Kerlchen wie dem Riesen schon fertig. Selbst ist der Mann!› Die Buben liefen, was sie konnten, und waren bald zu Hause. Däumling aber zog dem Riesen sachte, sachte die Siebenmeilenstiefel von den Füßen und zog sie selber an. Sie saßen ihm wie angegossen, denn sie hatten die Eigenschaft, sich nach Bedürfnis auszudehnen oder zusammenzuziehen, und paßten auf den Fuß des jeweiligen Besitzers.

‹So›, sagte der Däumling, ‹die hätten wir denn. Jetzt wollen wir sehen, wie weit wir es mit Siebenmeilenstiefeln bringen. Ein Esel, wer an der Krippe steht und nicht frißt, wer die Mittel zum Glück hat und nicht sein Glück macht.› So sprechend war er bereits auf dem Wege zu dem Hause des Riesen, und er hatte noch nicht ausgesprochen, so stand er schon vor dessen Tür.

‹Euer Mann, gute Frau›, sagte er zu dem Weib des Menschenfressers, ‹ist mehreren noch stärkeren Riesen in die Hände gefallen, die ihm den Hals abschneiden wollen, wenn er nicht seine ganze Barschaft ausliefert. Im Augenblick der Gefahr sah er mich vorbeikommen, und als alten Bekannten bat er mich, die Bestellung an Euch auszurichten. Und weil es Eile hat, und zugleich, um mich bei Euch zu beglaubigen, gab er mir die Siebenmeilenstiefel, die Ihr da an meinen Füßen seht und die mir prächtig sitzen, saget selbst, wie angegossen. Also nicht lange gezögert und heraus mit allem Baren!›

Die gute Frau besann sich nicht lange und gab alles her, und mit den Schätzen beladen, eilte der Däumling heim zu Vater, Mutter und Brüdern, und das war wieder einmal eine Freude des Wiedersehens, daß es nicht zu sagen ist.

Mit den Schätzen des Riesen konnten nun die armen Leute trotz aller Hungersnot herrlich und in Freuden leben, und das taten

sie auch gewissenhaft und luden alle armen Leute und Nachbarn dazu ein. Aber Däumling sagte: ‹Ich bin keine Schnecke, die immer das Haus auf dem Buckel hat, und wenn man Siebenmeilenstiefel hat, muß man seinen Weg machen. Das ist nur recht und billig. Ich gehe zum König und werde Kurier!›

Der König war über die Maßen froh, einen solchen Kurier zu haben, der ihm täglich einigemale Nachricht von seiner Armee, die fern im Felde stand, bringen konnte, denn schon damals waren die Leute so dumm, Kriege zu führen. Es war für den König sehr bequem, seine Soldaten von seiner Stube aus kommandieren zu können, vor den Kugeln sicher, nichts von Regen und Kälte und Ermüdung zu leiden und doch ein großer Feldherr zu sein. Dafür war er dem Däumling sehr dankbar und bezahlte ihm jeden Weg aufs beste. Als endlich der Friede geschlossen und der König vor die Stadt geritten war, um einen feierlichen Einzug in die Stadt zu halten, ernannte er den Däumling zum Gesandten. So war der kleine Däumling ein großer Herr geworden, und in seinem Wappen standen in goldenen gotischen Lettern die Worte:

Selbst ist der Mann!

Gebrüder Grimm
Rumpelstilzchen

Es war einmal ein Müller, der war arm, aber er hatte eine schöne Tochter. Nun traf es sich, daß er mit dem König zu sprechen kam, und um sich ein Ansehen zu geben, sagte er zu ihm: ‹Ich habe eine Tochter, die kann Stroh zu Gold spinnen.› Der König sprach zum Müller: ‹Das ist eine Kunst, die mir wohl gefällt! Wenn deine Tochter so geschickt ist, wie du sagst, so bring sie morgen in mein Schloß: da will ich sie auf die Probe stellen.› Als nun das Mädchen zu ihm gebracht ward, führte er es in eine Kammer, die ganz voll Stroh lag, gab ihr Rad und Haspel und sprach: ‹Jetzt mache dich an die Arbeit, und wenn du diese Nacht durch bis morgen früh dieses Stroh nicht zu Gold versponnen hast, so mußt du sterben.› Darauf schloß er die Kammer selbst zu, und sie blieb allein darin.

Da saß nun die arme Müllerstochter und wußte um ihr Leben keinen Rat: sie verstand gar nichts davon, wie man Stroh zu Gold spinnen konnte, und ihre Angst ward immer größer, daß sie endlich zu weinen anfing. Da ging auf einmal die Türe auf, und es trat ein kleines Männchen herein und sprach: ‹Guten Abend, Jungfer Müllerin, warum weint Sie so sehr?› – ‹Ach›, antwortete das Mädchen, ‹ich soll Stroh zu Gold spinnen und verstehe das nicht.› Sprach das Männchen: ‹Was gibst du mir, wenn ich dir's spinne?› – ‹Mein Halsband›, sagte das Mädchen. Das Männchen nahm das Halsband, setzte sich vor das Rädchen, und schnurr, schnurr, schnurr, dreimal gezogen, war die Spule voll. Dann steckte es eine andere auf, und schnurr, schnurr, schnurr, dreimal gezogen, war auch die zweite voll: und so ging's fort bis zum Morgen, da war alles Stroh versponnen, und alle Spulen waren voll Gold. Bei Sonnenaufgang kam schon der König, und als er das Gold erblickte, erstaunte er und freute sich, aber sein Herz ward nur noch goldgieriger. Er ließ die Müllerstochter in eine andere Kammer voll Stroh bringen, die noch viel größer war, und befahl ihr, das auch in einer Nacht zu spinnen, wenn ihr das Leben lieb wäre. Das Mädchen wußte sich nicht zu helfen und weinte; da ging abermals die Türe auf, und das kleine Männchen erschien und sprach: ‹Was gibst du mir, wenn ich dir das Stroh zu Gold spinne?› ‹Meinen Ring von dem Finger›, antwortete das Mädchen. Das Männchen nahm den Ring, fing wieder an zu schnurren mit dem Rade und hatte bis zum Morgen alles Stroh zu glänzendem Gold gesponnen. Der König freute sich über die Maßen bei dem Anblick, war aber noch immer nicht Goldes satt, sondern ließ die Müllerstochter in eine noch größere Kammer voll Stroh bringen und sprach: ‹Die mußt du noch in dieser Nacht verspinnen: gelingt dir's aber, so sollst du meine Gemahlin werden.› – ‹Wenn's auch eine Müllerstochter ist›, dachte er, ‹eine reichere Frau finde ich in der ganzen Welt nicht.› Als das Mädchen allein war, kam das Männlein zum drittenmal wieder und sprach: ‹Was gibst du mir, wenn ich dir noch diesmal das Stroh spinne?› – ‹Ich habe nichts mehr, das ich geben könnte›, antwortete das Mädchen. ‹So versprich mir, wenn du Königin wirst, dein erstes Kind.› – ‹Wer weiß, wie das noch geht›, dachte die Müllerstochter und wußte sich auch in der Not nicht anders zu helfen; sie versprach also dem Männchen, was es verlangte, und das Männchen spann dafür noch einmal das Stroh zu Gold. Und als am Morgen der König kam und alles fand, wie er gewünscht hatte, so hielt er Hochzeit mit ihr, und die schöne Müllerstochter ward eine Königin.

Über ein Jahr brachte sie ein schönes Kind zur Welt und dachte gar nicht mehr an das Männchen: da trat es plötzlich in ihre Kammer und sprach: ‹Nun gib mir, was du versprochen hast.› Die Königin erschrak und bot dem Männchen alle Reichtümer des Königreichs an, wenn es ihr das Kind lassen wollte, aber das Männchen sprach: ‹Nein, etwas Lebendes ist mir lieber als alle Schätze der Welt.› Da fing die Königin so an zu jammern und zu weinen, daß das Männchen Mitleiden mit ihr hatte: ‹Drei Tage will ich dir Zeit lassen›, sprach es, ‹wenn du bis dahin meinen Namen weißt, so sollst du dein Kind behalten.›

Nun besann sich die Königin die ganze Nacht über auf alle Namen, die sie jemals gehört hatte, und schickte einen Boten über Land, der sollte sich erkundigen weit und breit, was es sonst noch für Namen gäbe. Als am andern Tag das Männchen kam, fing sie an mit Kaspar, Melchior, Balthasar und sagte alle Namen, die sie wußte, nach der Reihe her, aber bei jedem sprach das Männlein: ‹So heiß' ich nicht.› Den zweiten Tag ließ sie in der Nachbarschaft herumfragen, wie die Leute da genannt würden, und sagte dem Männlein die ungewöhnlichsten und seltsamsten Namen vor: ‹Heißt du vielleicht Rippenbiest oder Hammelswade oder Schnürbein?› aber es antwortete immer: ‹So heiß' ich nicht.› Den dritten Tag kam der Bote wieder zurück und erzählte: ‹Neue Namen habe ich keinen einzigen finden können, aber wie ich an einen hohen Berg um die Waldecke kam, wo Fuchs und Has sich gute Nacht sagen, so sah ich

da ein kleines Haus, und vor dem Haus brannte ein Feuer, und um das Feuer sprang ein gar zu lächerliches Männchen, hüpfte auf einem Bein und schrie:

«Heute back' ich,
morgen brau' ich,
übermorgen hol ich der Königin ihr Kind;
ach, wie gut ist,
daß niemand weiß,
daß ich Rumpelstilzchen heiß'!»

Da könnt ihr denken, wie die Königin froh war, als sie den Namen hörte, und als bald hernach das Männlein hereintrat und fragte: ›Nun, Frau Königin, wie heiß' ich?‹ fragte sie erst:

‹Heißest du Kunz?› - ‹Nein.› - ‹Heißest du Heinz?› -‹Nein.› - ‹Heißt du etwa Rumpelstilzchen?›

‹Das hat dir der Teufel gesagt, das hat dir der Teufel gesagt›, schrie das Männlein und stieß mit dem rechten Fuß vor Zorn so tief in die Erde, daß es bis an den Leib hineinfuhr: dann packte es in seiner Wut den linken Fuß mit beiden Händen und riß sich selbst mitten entzwei.

Gebrüder Grimm

Daumesdick

Es war ein armer Bauersmann, der saß abends beim Herd und schürte das Feuer, und die Frau saß und spann. Da sprach er: ‹Wie ist's so traurig, daß wir keine Kinder haben! Es ist so still bei uns, und in den andern Häusern ist's so laut und lustig.› – ‹Ja›, antwortete die Frau und seufzte, ‹wenn's nur ein einziges wäre, und wenn's auch ganz klein wäre, nur Daumens groß, so wollt' ich schon zufrieden sein; wir hätten's doch von Herzen lieb.› Nun geschah es, daß die Frau kränklich ward und nach sieben Monaten ein Kind gebar, das zwar an allen Gliedern vollkommen, aber nicht länger als ein Daumen war. Da sprachen sie: ‹Es ist, wie wir es gewünscht haben, und es soll unser liebes Kind sein›, und nannten es nach seiner Gestalt Daumesdick. Sie ließen's nicht an Nahrung fehlen, aber das Kind ward nicht größer, sondern blieb, wie es in der ersten Stunde gewesen war; doch schaute es verständig aus den Augen und zeigte sich bald als ein kluges und behendes Ding, dem alles glückte, was es anfing.

Der Bauer machte sich eines Tages fertig, in den Wald zu gehen und Holz zu fällen; da sprach er so vor sich hin: ‹Nun wollt' ich, daß einer da wäre, der mir den Wagen nachbrächte.› – ‹O Vater›, rief Daumesdick, ‹den Wagen will ich schon bringen, verlaßt Euch drauf, er soll zur bestimmten Zeit im Walde sein.› Da lachte der Mann und sprach: ‹Wie sollte das zugehen? Du bist viel zu klein, um das Pferd mit dem Zügel zu leiten.› – ‹Das tut nichts, Vater, wenn nur die Mutter anspannen will, ich setze mich dem Pferd ins Ohr und rufe ihm zu, wie es gehen soll.› –‹Nun›, antwortete der Vater, ‹einmal wollen wir's versuchen.› Als die Stunde kam, spannte die Mutter an und setzte Daumesdick ins Ohr des Pferdes, und dann rief der Kleine, wie das Pferd gehen sollte: ‹Jüh und joh! hott und har!› Da ging es ganz ordentlich als wie bei einem Meister, und der Wagen fuhr den rechten Weg nach dem Walde. Es trug sich zu, als er eben um eine Ecke bog, und der Kleine ‹Har, har!› rief, daß zwei fremde Männer daherkamen. ‹Nanu›, sprach der eine, ‹was ist das? Da fährt ein Wagen, und ein Fuhrmann ruft dem Pferde zu und ist doch nicht zu sehen.› – ‹Das geht nicht mit rechten Dingen zu›, sagte der andere, ‹wir wollen dem Karren folgen und sehen, wo er anhält.› Der Wagen aber fuhr vollends in den Wald hinein und richtig zu dem Platze, wo das Holz gehauen ward. Als Daumesdick seinen Vater erblickte, rief er ihm zu: ‹Siehst du, Vater, da bin ich mit dem Wagen, nun hol mich herunter.› Der Vater faßte das Pferd mit der linken und holte mit der rechten sein Söhnlein aus dem Ohr, das sich ganz lustig auf einen Strohhalm niedersetzte. Als die beiden fremden Männer den Daumesdick erblickten, wußten sie nicht, was sie vor Verwunderung sagen sollten. Da nahm der eine den andern beiseit' und sprach: ‹Hör, der kleine Kerl könnte unser Glück machen, wenn wir ihn in einer großen Stadt für Geld sehen ließen: wir wollen ihn kaufen.› Sie gingen zu dem Bauern und sprachen: ‹Verkauft uns den kleinen Mann, er soll's gut bei uns haben.› – ‹Nein›, antwortete der Vater, ‹er ist mein Herzblatt und geb ihn für alles Gold in der Welt nicht hin.› Daumesdick aber, als er von dem Handel gehört, war an den Rockfalten seines Vaters hinaufgekrochen, stellte sich ihm auf die Schulter und wisperte ihm ins Ohr: ‹Vater, gib mich nur hin, ich will schon wieder zurückkommen.› Da gab ihn der Vater für ein schönes Stück Geld den beiden Männern hin. ‹Wo willst du sitzen?› sprachen sie zu ihm. ‹Ach, setzt mich nur auf den Rand von eurem Hut; da kann ich auf und ab spazieren und die Gegend betrachten und falle doch nicht herunter.› Sie taten ihm den Willen, und als Daumesdick Abschied von seinem Vater genommen hatte, machten sie sich mit ihm fort. So gingen sie, bis es dämmerig ward; da sprach der Kleine: ‹Hebt mich einmal herunter, es ist nötig.› – ‹Bleib nur droben›, sprach der Mann, auf dessen Kopf er saß, ‹ich will mir nichts draus machen, die Vögel lassen mir auch manchmal was drauf fallen.› – ‹Nein›, sprach Daumesdick, ‹ich weiß auch, was sich schickt: hebt mich nur geschwind herab.› Der Mann nahm den Hut ab und setzte den Kleinen auf einen Acker am Weg; da sprang und kroch er ein wenig zwischen den Schollen hin und her, dann schlüpfte er plötzlich in ein Mauseloch, das er sich ausgesucht hatte. ‹Guten Abend, ihr Herren, geht nur ohne mich heim!› rief er ihnen zu und lachte sie aus. Sie liefen herbei und stachen mit Stöcken in das Mauseloch, aber das war vergebliche Mühe: Daumesdick kroch immer weiter zurück, und da es bald ganz dunkel ward, so mußten sie mit Ärger und mit leerem Beutel wieder heimwandern.

Als Daumesdick merkte, daß sie fort waren, kroch er aus dem unterirdischen Gang wieder hervor. ‹Es ist auf dem Acker in der Finsternis so gefährlich gehen›, sprach er, ‹wie leicht bricht einer Hals und Bein!› Zum Glück stieß er an ein leeres Schneckenhaus. ‹Gottlob›, sagte er, ‹da kann ich die Nacht sicher zubringen›, und setzte sich hinein. Nicht lang, als er eben einschlafen wollte, so hörte er zwei Männer vorübergehen, davon sprach der eine: ‹Wie wir's nur anfangen, um dem reichen Pfarrer sein Geld und sein Silber zu holen?› – ‹Das könnt' ich dir sagen›, rief Daumesdick dazwischen. ‹Was war das?› sprach der eine Dieb erschrocken, ‹ich hörte jemand sprechen.› Sie blieben stehen und horchten, da sprach Daumesdick wieder: ‹Nehmt mich mit, so will ich euch helfen.› – ‹Wo bist du denn?› – ‹Sucht nur auf der Erde und merkt, wo die Stimme herkommt›, antwortete er. Da fanden ihn endlich die Diebe und hoben ihn in die Höhe. ‹Du kleiner Wicht, was willst du uns helfen!› sprachen sie. ‹Seht›, antwortete er, ‹ich krieche zwischen den Eisenstäben in die Kammer des Pfarrers und reiche euch heraus, was ihr haben wollt.› – ‹Wohlan›, sagten sie, ‹wir wollen sehen, was du kannst.› Als sie bei dem Pfarrhaus ankamen, kroch Daumesdick in die Kammer, schrie aber gleich aus Leibeskräften: ‹Wollt ihr alles haben, was hier ist?› Die Diebe erschraken und sagten: ‹So sprich doch leise, damit niemand aufwacht.› Aber Daumesdick tat, als hätte er sie nicht verstanden, und schrie von neuem: ‹Was wollt ihr? Wollt ihr alles haben, was hier ist?› Das hörte die Köchin, die in der Stube daneben schlief, richtete sich im Bette auf und horchte. Die Diebe aber waren vor Schrecken ein Stück Wegs zurückgelaufen; endlich faßten sie wieder Mut und dachten: ‹Der kleine Kerl will uns necken.› Sie kamen zurück und flüsterten ihm zu: ‹Nun mach Ernst und reich uns etwas heraus.› Da schrie Daumesdick noch einmal, so laut er konnte: ‹Ich will euch ja alles geben, reicht nur die Hände herein.› Das hörte die horchende Magd ganz deutlich, sprang aus dem Bett und stolperte zur Tür herein. Die Diebe liefen fort und rannten, als wäre der wilde Jäger hinter ihnen; die Magd aber, als sie nichts bemerken konnte, ging ein Licht anzuzünden. Wie sie damit herbeikam, machte sich Daumesdick, ohne daß er gesehen wurde, hinaus in die Scheune: die Magd aber, nachdem sie alle Winkel durchgesucht und nichts gefunden hatte, legte sich endlich wieder zu Bett und glaubte, sie hätte mit offenen Augen und Ohren doch nur geträumt.

Daumesdick war in den Heuhälmchen herumgeklettert und hatte einen schönen Platz zum Schlafen gefunden: da wollte er sich ausruhen, bis es Tag wäre, und dann zu seinen Eltern wieder heimgehen. Aber er mußte andere Dinge erfahren! Ja, es gibt viel Trübsal und Not auf der Welt! Die Magd stieg, als der Tag graute, schon aus dem Bett, um das Vieh zu füttern. Ihr erster Gang war in die Scheune, wo sie einen Arm voll Heu packte, und gerade dasjenige, worin der arme Daumesdick lag und schlief. Er schlief aber so fest, daß er nichts gewahr ward und nicht eher aufwachte, als bis er in dem Maul der Kuh war, die ihn mit dem Heu aufgerafft hatte. ‹Ach Gott›, rief er, ‹wie bin ich in die Mühle geraten!› merkte aber bald, wo er war. Da hieß es aufpassen, daß er nicht zwischen die Zähne kam und zermalmt ward, und hernach mußte er doch mit in den Magen hinabrutschen. ‹In dem Stübchen sind die Fenster vergessen›, sprach er, ‹und es scheint keine Sonne hinein: ein Licht wird auch nicht gebracht.› Überhaupt gefiel ihm das Quartier schlecht, und was das Schlimmste war, es kam immer mehr neues Heu zur Türe hinein, und der Platz ward immer enger. Da rief er endlich in der Angst, so laut er konnte: ‹Bringt mir kein frisch Futter mehr, bringt mir kein frisch Futter mehr!› Die Magd melkte gerade die Kuh, und als sie sprechen hörte, ohne jemand zu sehen, und es dieselbe Stimme war, die sie auch in der Nacht gehört hatte, erschrak sie so, daß sie von ihrem Stühlchen herabglitschte und die Milch verschüttete. Sie lief in der größten Hast zu ihrem Herrn und rief: ‹Ach Gott, Herr Pfarrer, die Kuh hat geredet.› – ‹Du bist verrückt›, antwortete der Pfarrer, ging aber doch selbst in den Stall und wollte nachsehen, was es da gäbe. Kaum aber hatte er den Fuß hineingesetzt, so rief Daumesdick aufs neue: ‹Bringt mir kein frisch Futter mehr, bringt mir kein frisch Futter mehr.› Da erschrak der Pfarrer selbst, meinte, es wäre ein böser Geist in die Kuh gefahren, und hieß sie töten. Sie ward geschlachtet, der Magen aber, worin Daumesdick steckte, auf den Mist geworfen. Daumesdick hatte große Mühe, sich hindurchzuarbeiten, doch brachte er's so weit, daß er Platz bekam, aber als er eben sein Haupt herausstrecken wollte, kam ein neues Unglück. Ein hungriger Wolf lief heran und verschlang den ganzen Magen mit einem Schluck. Daumesdick verlor den Mut nicht. ‹Vielleicht›, dachte er, ‹läßt der Wolf mit sich reden›, und rief ihm aus dem Wanste zu: ‹Lieber Wolf, ich weiß dir einen herrlichen Fraß.› - ‹Wo ist der zu holen?› sprach der Wolf. ‹In dem und dem Haus, da mußt du durch den Abfluß hineinkriechen und wirst Kuchen, Speck und Wurst finden, so viel du essen willst›, und beschrieb ihm genau seines Vaters Haus. Der Wolf ließ sich das nicht zweimal sagen, drängte sich in der Nacht zum Abfluß hinein und fraß in der Vorratskammer nach Herzenslust. Als er sich gesättigt hatte, wollte er wieder fort, aber er war so dick geworden, daß er denselben Weg nicht wieder hinaus konnte. Darauf hatte Daumesdick gerechnet und fing nun an, in dem Leib des Wolfs einen gewaltigen Lärm zu machen, tobte und schrie, was er konnte. ‹Willst du stille sein›, sprach der Wolf, ‹du weckst die Leute auf.› - ‹Ei was›, antwortete der Kleine, ‹du hast dich satt gefressen, ich will auch meinen Spaß haben›, und fing von neuem an, aus allen Kräften zu schreien. Davon erwachte endlich sein Vater und seine Mutter, sie liefen an die Kammer und schauten durch die Spalte hinein. Wie sie sahen, daß ein Wolf darin hauste, liefen sie davon, und der Mann holte die Axt und die Frau die Sense. ‹Bleib dahinten›, sprach der Mann, als sie in die Kammer traten, ‹wenn ich ihm einen Schlag gegeben habe, und er davon noch nicht tot ist, so mußt du auf ihn einhauen und ihm den Leib zerschneiden.› Da hörte Daumesdick die Stimme seines Vaters und rief: ‹Lieber Vater, ich bin hier, ich stecke im Leibe des Wolfs.› Sprach der Vater voll Freuden: ‹Gottlob, unser liebes Kind hat sich wiedergefunden›, und hieß die Frau die Sense wegtun, damit Daumesdick nicht beschädigt würde. Danach holte er aus und schlug dem Wolf einen Schlag auf den Kopf, daß er tot niederstürzte; dann suchten sie Messer und Schere, schnitten ihm den Leib auf und zogen den Kleinen wieder hervor. ‹Ach›, sprach der Vater, ‹was haben wir für Sorge um dich ausgestanden!› – ‹Ja, Vater, ich bin viel in der Welt herumgekommen; gottlob, daß ich wieder frische Luft schöpfe!› – ‹Wo bist du denn überall gewesen?› – ‹Ach, Vater, ich war in einem Mauseloch, in einer Kuh Bauch und in eines Wolfes Wanst: nun bleib' ich bei euch.› – ‹Und wir verkaufen dich um alle Reichtümer der Welt nicht wieder›, sprachen die Eltern, herzten und küßten ihren lieben Daumesdick. Sie gaben ihm zu essen und trinken und ließen ihm neue Kleider machen, denn die seinigen waren ihm auf der Reise verdorben.

Gebrüder Grimm

Die Wichtelmänner

Erstes Märchen

Es war ein Schuster ohne seine Schuld so arm geworden, daß ihm endlich nichts mehr übrig blieb als Leder zu einem einzigen Paar Schuhe. Nun schnitt er am Abend die Schuhe zu, die wollte er den nächsten Morgen in Arbeit nehmen; und weil er ein gutes Gewissen hatte, so legte er sich ruhig zu Bett, befahl sich dem lieben Gott und schlief ein. Morgens, nachdem er sein Gebet verrichtet hatte und sich zur Arbeit niedersetzen wollte, so standen die beiden Schuhe ganz fertig auf seinem Tisch. Er verwunderte sich und wußte nicht, was er dazu sagen sollte. Er nahm die Schuhe in die Hand, um sie näher zu betrachten: sie waren so sauber gearbeitet, daß kein Stich daran falsch war, gerade als wenn es ein Meisterstück sein sollte. Bald darauf traf auch schon ein Käufer ein, und weil ihm die Schuhe so gut gefielen, so bezahlte er mehr als gewöhnlich dafür, und der Schuster konnte von dem Geld Leder für zwei Paar Schuhe erhandeln. Er schnitt sie abends zu und wollte den nächsten Morgen mit frischem Mut an die Arbeit gehen, aber er brauchte es nicht; denn als er aufstand, waren sie schon fertig, und es blieben auch nicht die Käufer aus, die ihm so viel

Geld gaben, daß er Leder für vier Paar Schuhe einkaufen konnte. Er fand früh morgens auch die vier Paar fertig; und so ging's immer fort: was er abends zuschnitt, das war am Morgen verarbeitet, also daß er bald wieder sein ehrliches Auskommen hatte und endlich ein wohlhabender Mann ward. Nun geschah es eines Abends nicht lange vor Weihnachten, als der Mann wieder zugeschnitten hatte, daß er vor dem Schlafengehen zu seiner Frau sprach: ‹Wie wär's, wenn wir diese Nacht aufblieben, um zu sehen, wer uns solche hilfreiche Hand leistet?› Die Frau war's zufrieden und steckte ein Licht an; darauf verbargen sie sich in den Stubenecken, hinter den Kleidern, die da aufgehängt waren, und gaben acht. Als es Mitternacht war, da kamen zwei kleine niedliche nackte Männlein, setzten sich vor des Schusters Tisch, nahmen alle zugeschnittene Arbeit zu sich und fingen an mit ihren Fingerlein so behend und schnell zu stechen, zu nähen, zu klopfen, daß der Schuster vor Verwunderung die Augen nicht abwenden konnte. Sie ließen nicht nach, bis alles zu Ende gebracht war und fertig auf dem Tische stand; dann sprangen sie schnell fort.

Am andern Morgen sprach die Frau: ‹Die kleinen Männer haben uns reich gemacht, wir müßten uns doch dankbar dafür bezeigen. Sie laufen so herum, haben nichts am Leib und müssen frieren. Weißt du was? Ich will Hemdlein, Rock, Wams und Höslein für sie nähen, auch jedem ein Paar Strümpfe stricken; mach du jedem ein Paar Schühlein dazu.› Der Mann sprach: ‹Das bin ich wohl zufrieden›, und abends, wie sie alles fertig hatten, legten sie die Geschenke statt der zugeschnittenen Arbeit zusammen auf den Tisch und versteckten sich dann, um mit anzusehen, wie sich die Männlein dazu anstellen würden. Um Mitternacht kamen sie herangesprungen und wollten sich gleich an die Arbeit machen; als sie aber kein zugeschnittenes Leder, sondern die niedlichen Kleidungsstücke fanden, verwunderten sie sich erst, dann aber zeigten sie eine gewaltige Freude. Mit der größten Geschwindigkeit zogen sie sich an, strichen die schönen Kleider am Leib und sangen:

‹Sind wir nicht Knaben glatt und fein?
Was sollen wir länger Schuster sein!›

Dann hüpften und tanzten sie und sprangen über Stühle und Bänke. Endlich tanzten sie zur Türe hinaus. Von nun an kamen sie nicht wieder, dem Schuster aber ging es wohl, solang er lebte, und es glückte ihm alles, was er unternahm.

Zweites Märchen

Es war einmal ein armes Dienstmädchen, das war fleißig und reinlich, kehrte alle Tage das Haus und schüttete das Kehricht auf einen großen Haufen vor die Türe. Eines Morgens, als es eben wieder an die Arbeit gehen wollte, fand es einen Brief darauf, und weil es nicht lesen konnte, so stellte es den Besen in die Ecke und brachte den Brief seiner Herrschaft, und da war es eine Einladung von den Wichtelmännern, die baten das Mädchen, ihnen ein Kind aus der Taufe zu heben. Das Mädchen wußte nicht, was es tun sollte, endlich auf vieles Zureden, und weil sie ihm sagten, so etwas dürfte man nicht abschlagen, so willigte es ein. Da kamen drei Wichtelmänner und führten es in einen hohlen Berg, wo die Kleinen lebten. Es war da alles klein, aber so zierlich und prächtig, daß es nicht zu sagen ist. Die Kindbetterin lag in einem Bett von schwarzem Ebenholz mit Knöpfen von Perlen, die Decken waren mit Gold gestickt, die Wiege war von Elfenbein, die Badewanne von Gold. Das Mädchen stand nun Taufpate und wollte dann wieder nach Haus gehen, die Wichtelmännlein baten es aber inständig, drei Tage bei ihnen zu bleiben. Es blieb also und verlebte die Zeit in Lust und Freude, und die Kleinen taten ihm alles zuliebe. Endlich wollte es sich auf den Rückweg machen, da steckten sie ihm die Taschen erst ganz voll Gold und führten es hernach wieder zum Berge heraus. Als es nach Haus kam, wollte es seine Arbeit beginnen, nahm den Besen in die Hand, der noch in der Ecke stand, und fing an zu kehren. Da kamen fremde Leute aus dem Haus, die fragten, wer es wäre, und was es da zu tun hätte. Da war es nicht drei Tage, wie es gemeint hatte, sondern sieben Jahre bei den kleinen Männern im Berge gewesen, und seine vorige Herrschaft war in der Zeit gestorben.

Drittes Märchen

Einer Mutter war ihr Kind von den Wichtelmännern aus der Wiege geholt und ein Wechselbalg mit dickem Kopf und starren Augen hineingelegt, der nichts als essen und trinken wollte. In ihrer Not ging sie zu ihrer Nachbarin und fragte sie um Rat. Die Nachbarin sagte, sie sollte den Wechselbalg in die Küche tragen, auf den Herd setzen, Feuer anmachen und in zwei Eierschalen Wasser kochen: das bringe den Wechselbalg zum Lachen, und wenn er lache, dann sei es aus mit ihm. Die Frau tat alles, wie die Nachbarin gesagt hatte. Wie sie die Eierschalen mit Wasser über das Feuer setzte, sprach der Klotzkopf:

‹Nun bin ich so alt
wie der Westerwald
und hab' nicht gesehen, daß jemand in Schalen kocht›,

und fing an darüber zu lachen. Indem er lachte, kam auf einmal eine Menge von Wichtelmännerchen; die brachten das richtige Kind, setzten es auf den Herd und nahmen den Wechselbalg mit fort.

Peter Christen Asbjørnsen/Jørgen Moe

Von dem Riesen, der kein Herz im Leibe hatte

Es war einmal ein König, der hatte sieben Söhne, von denen hielt er so viel, daß er nicht leben konnte ohne sie; einer wenigstens mußte immer um ihn sein. Als die Söhne groß waren, sollten die sechs ältesten ausziehen und sich eine Frau suchen; den jüngsten aber wollte der Vater bei sich zu Hause behalten, und die andern sollten eine Prinzessin für ihn mitbringen. Der König gab nun den sechs Prinzen die schönsten Kleider, die man sehen konnte, sie waren so schön, daß man den Glanz schon weit in der Ferne sah, und jedem gab er ein Pferd, das kostete viele, viele hundert Taler, und damit reisten sie fort. Als sie nun an vielen Königshöfen gewesen waren und viele Prinzessinnen gesehen hatten, kamen sie endlich auch zu einem König, der sechs Töchter hatte; so schöne Königstöchter aber hatten die Prinzen noch nie gesehen, und jeder freite um eine von ihnen und bekam sie zur Braut, und darauf begaben sie sich mit den Prinzessinnen wieder auf den Heimweg zu ihrem Vater; sie waren aber so verliebt, daß sie ganz vergaßen, auch eine Prinzessin für Knut Aschenbröd mitzubringen, der zu Hause geblieben war.

Wie sie nun schon eine gute Strecke Weges zurückgelegt hatten, kamen sie an einer steilen Bergwand vorbei, wo ein Riesenschloß stand. Der Riese kam heraus, und als er sie sah, verwandelte er sie alle in Stein: sowohl die Prinzen als auch die Prinzessinnen. Der König wartete immerfort auf seine Söhne; aber wie lange er auch warten mochte, sie kehrten nicht zurück. Da ward der König sehr betrübt und konnte nimmer wieder froh werden. ‹Hätte ich nicht dich noch›, sagte er zu Knut Aschenbröd, ‹so möchte ich gar nicht mehr in der Welt leben.› Knut Aschenbröd aber bat den König, daß er ihm erlauben möchte fortzureisen, um seine Brüder wieder aufzusuchen. ‹Nein, das kann ich nicht›, sagte der König, ‹denn du kommst nachher auch nicht wieder.› Aber Knut Aschenbröd wollte durchaus fort und bat seinen Vater so lange, bis er ihn endlich reisen ließ. Nun hatte der König aber kein andres Pferd für Knut Aschenbröd als einen alten elenden Gaul, denn die sechs andern Königssöhne hatten alle die andern Pferde bekommen. Das kümmerte Knut Aschenbröd aber wenig; er setzte sich auf seinen alten Gaul und reiste fort. ‹Lebe wohl, Vater!› sagte er, als er abreiste. ‹Ich werde schon wiederkommen, und vielleicht bringe ich dann meine Brüder auch mit.›

Als er ein Stück geritten war, traf er auf dem Wege einen Raben, der lag da und schlug mit den Flügeln und konnte vor lauter Hunger und Mattigkeit nicht von der Stelle. ‹Ach, gib mir doch ein wenig zu essen›, sagte der Rabe. ‹Dann will ich dir auch wieder helfen, wenn du mal in Not kommst.› – ‹Ja, viel hab' ich eben nicht›, sagte der Königssohn, ‹und du siehst auch gar nicht darnach aus, daß du mir große Hilfe leisten könntest; weil du es aber so nötig zu haben scheinst, will ich dir wohl geben, was ich vermag›, und darauf öffnete er seinen Ranzen und gab dem Raben zu essen. Wie er nun ein Stück weitergereist war, kam er zu einem Bach. Nicht weit davon lag ein großer Lachs, der auf das trockne Land gekommen war; der zappelte und konnte nicht wieder zurück ins Wasser. ‹Ach hilf mir doch wieder ins Wasser›, sagte der Lachs. ‹Ich will dir auch wieder helfen, wenn du mal in Not kommst.› – ‹Ja, deine Hilfe wird mir wohl nicht viel nützen›, sagte der Königssohn, ‹aber es wäre ja Sünde, dich hier umkommen zu lassen›, und damit setzte er den Fisch wieder ins Wasser. Nun reiste er ein gutes Stück weiter; da traf er auf dem Wege einen Wolf an, der lag da und wand und krümmte sich vor lauter Hunger. ‹Ach gib mir doch dein Pferd zu fressen›, sagte der Wolf, ‹denn ich bin so hungrig, daß mir der Magen schlottert, weil ich in zwei Jahren nichts zu essen bekommen habe.› – ‹Nein›, sagte Knut Aschenbröd, ‹das kann ich nicht! Erst kam ich zu einem Raben, dem mußte ich mein Essen geben; darauf kam ich zu einem Lachs, dem mußte ich wieder ins Wasser helfen; und du willst nun gar mein Pferd haben; das geht nicht, dann weiß ich nicht, wie ich meine Reise fortsetzen soll.› – ‹Ja, du mußt mir helfen›, sagte der Wolf. ‹Du kannst nachher auf mir reiten; ich will dir auch wieder helfen, wenn du mal in Not kommst.› – ‹Ja, was du mir helfen kannst, hat wohl nicht viel zu bedeuten›, sagte der Prinz, ‹aber nimm das Pferd nur hin, weil du's doch so nötig hast.› Als der Wolf das Pferd gefressen hatte, legte Knut Aschenbröd ihm den Sattel auf den Rücken; denn der Wolf war jetzt so stark und so groß geworden von dem, was er gefressen hatte, weit größer als ein Pferd. Wie Knut Aschenbröd sich aufgesetzt hatte, legte der Wolf mit ihm los; aber so schnell war Knut Aschenbröd noch nie geritten. Als sie nun schon einen guten Weg hinter sich hatten, sagte der Wolf: ‹Wenn wir noch ein kleines Ende weiter gekommen sind, dann werde ich dir das Riesenschloß zeigen.› Es dauerte nicht lange, so waren sie da. ‹Hier siehst du das Schloß›, sagte der Wolf, ‹und dies hier sind deine sechs Brüder, die der Riese in Stein verwandelt hat, und das da sind ihre sechs Bräute; dort siehst du auch die Tür zu dem Schloß, und da mußt du hineingehen.› – ‹Nein›, sagte der Königssohn, ‹der Riese bringt mich um.› – ‹Sei nur ohne Furcht›, versetzte der Wolf, ‹denn wenn du hineinkommst, triffst du dort eine Prinzessin an, die wird dir wohl sagen, wie du es machen mußt, um den Riesen zu töten; und tu dann nur, wie sie dir sagt.›

Knut Aschenbröd ging darauf hinein, und wie er durch mehrere Zimmer gekommen war, saß in dem einen die Prinzessin; aber eine so schöne Jungfrau hatte er noch nie gesehen. ‹Ach, Gott steh dir bei!› sagte sie, als sie ihn erblickte. ‹Wie bist du hier hereingekommen? Dein Tod ist dir gewiß; denn hier wohnt ein Riese, den kann niemand töten, weil er kein Herz im Leibe hat.› – ‹Ich will es aber doch versuchen›, sagte Knut Aschenbröd, ‹denn darum bin ich hergekommen; und meine Brüder, welche hier in Stein verwandelt sind, wollte ich auch gern erretten, und dich dazu, wenn ich könnte.› Wie nun die Prinzessin ihn durchaus nicht überreden konnte, wieder fortzugehen, sagte sie zu ihm: ‹Laß uns denn zusehen, wie wir's am besten anfangen: Krieche hier unter dieses Bett, und da mußt du still liegen bleiben und genau zuhören, was der Riese sagt, wenn ich ihn ausfrage.› Er kroch nun unters Bett, und kaum war das geschehen, so kam der Riese an. ‹Hutetu, hier riecht's so nach Menschenfleisch!› rief er. ‹Ja, es flog hier eine Elster vorbei mit einem Knochen im Schnabel, den ließ sie durch den Schornstein fallen›, sagte die Prinzessin. ‹Ich habe mich zwar beeilt, ihn hinwegzuschaffen; aber es muß wohl noch der Geruch davon zurückgeblieben sein›; und damit war der Riese zufriedengestellt. Als es Abend wurde, legten sie sich zu Bett, und wie sie eine Weile gelegen hatten, sagte die Prinzessin: ‹Da ist eins, wonach ich dich gern fragen wollte, aber du mußt auch nicht böse werden.› – ‹Was ist denn das?› fragte der Riese. ‹O›, sagte sie, ‹ich möchte gern wissen, wo du dein Herz hast, weil du es doch nicht bei dir trägst.› – ‹Das ist etwas, wonach du nicht zu fragen brauchst›, sagte der Riese, ‹es liegt dort unter der Türschwelle.› – ‹Aha! da wollen wir's schon finden!› dachte Knut Aschenbröd, der unter dem Bett lag.

Am nächsten Morgen stand der Riese früh auf und streifte nach dem Wald zu. Kaum war er fort, so fingen Knut Aschenbröd und die Prinzessin an, unter der Türschwelle zu suchen; aber was sie auch suchen und graben mochten, so fanden sie doch nichts. ‹Diesmal hat er uns angeführt›, sagte die Prinzessin, ‹aber wir müssen's noch einmal versuchen.› Darauf pflückte sie die schönsten Blumen, die sie finden konnte, und bestreute damit die Türschwelle, nachdem sie dieselbe vorher wieder in Stand gebracht hatten. Wie es um die Zeit war, daß sie den Riesen zu Hause erwarteten, mußte Knut Aschenbröd wieder unters Bett kriechen. ‹Hutetu! hier riecht's so nach Menschenfleisch!› sagte der Riese, als er eintrat. ‹O, das ist wohl noch der Knochen von gestern›, sagte die Prinzessin, und damit war der Riese zufrieden. Nach einer Weile fragte er, wer denn all die schönen Blumen auf die Türschwelle gestreut hätte. ‹O, das hab ich getan›, sagte die Prinzessin. ‹Und wozu?› fragte der Riese. ‹Meinst du denn nicht, daß ich dich so lieb habe, um die Schwelle mit Blumen zu bestreuen, wenn ich weiß, daß dein Herz darunter liegt?› sagte die Prinzessin. ‹Ah so!› sagte der Riese, ‹sonst liegt es aber nicht da.›

Als sie sich am Abend zu Bett gelegt hatten, bat die Prinzessin ihn, er möchte ihr doch sagen, wo sein Herz wäre, denn sie hielte so viel von ihm, sagte sie, und darum würde sie es so gern wissen. ‹O, es liegt dort in dem Wandschrank›, sagte der Riese. ‹Haha!› dachte Knut Aschenbröd, ‹da wollen wir's schon finden!› Den nächsten Morgen machte der Riese sich wieder früh auf und streifte nach dem Wald zu. Kaum aber war er gegangen, als Knut

Aschenbröd und die Königstochter den ganzen Schrank durchsuchten, um sein Herz zu finden; aber wie fleißig sie auch suchten, so fanden sie auch diesmal nichts. ‹Wir müssen's noch einmal probieren›, sagte die Prinzessin. Sie schmückte nun den Schrank mit Blumen und mit Kränzen, und gegen Abend mußte Knut Aschenbröd wieder unters Bett kriechen. Darauf kam der Riese an. ‹Hutetu! hier riecht's so nach Menschenfleisch!› sagte er, als er eintrat. ‹Ach, es ist wohl immer noch der alte Knochen›, sagte die Prinzessin, ‹der Geruch will gar nicht wieder fort.› Damit war der Riese zufrieden und sagte weiter nichts. Wie er aber darauf den Schrank erblickte, der mit Blumen und Kränzen geschmückt war, fragte er die Prinzessin, wer das getan hätte. ‹Ach, das habe ich getan›, sagte sie. ‹Und was soll die Torheit?› fragte er. ‹Meinst du denn nicht, daß ich dich so lieb habe, um den Schrank mit Blumen und Kränzen zu schmücken, wenn ich weiß, daß dein Herz darin liegt?› sagte sie. ‹Kannst du so närrisch sein und das glauben?› sagte der Riese. ‹Ich muß es ja wohl glauben, wenn du es sagst›, versetzte die Prinzessin. ‹Du bist ein Narr!› sagte der Riese. ‹Wo mein Herz ist, dahin kommst du nie.› – ‹Du könntest mir aber doch wohl sagen, wo es ist›, sagte sie. Nun konnte der Riese nicht anders, sondern mußte es ihr sagen. ‹Weit, weit von hier in einem Wasser›, sagte er, ‹liegt eine Insel; auf der Insel steht eine Kirche; in der Kirche ist ein Brunnen; in dem Brunnen schwimmt eine Ente; in der Ente ist ein Ei; und in dem Ei – da ist mein Herz.›

Am Morgen früh, als es noch nicht dämmerte, streifte der Riese schon wieder nach dem Wald zu. ‹Ja, nun muß ich auch fort›, sagte Knut Aschenbröd, ‹wenn ich bloß den Weg wüßte.› Er sagte darauf der Prinzessin Lebewohl, und als er draußen vors Schloß kam, stand der Wolf noch da und wartete auf ihn. Knut Aschenbröd erzählte ihm alles, was ihm im Schloß begegnet war und sagte, nun möchte er gern zu dem Brunnen in der Kirche, wenn er bloß den Weg dahin wüßte. Der Wolf aber sagte, den Weg wolle er schon finden, er solle sich nur auf seinen Rücken setzen, und darauf ging es fort über Klippen und Hügel, über Berg und Tal, daß es nur so sauste. Als sie schon manchen lieben Tag gereist waren, kamen sie endlich zu einem Wasser. Nun wußte der Königssohn nicht, wie er hinüberkommen sollte; aber der Wolf sagte zu ihm, er solle sich bloß nicht fürchten, und dann sprang er ins Wasser und schwamm mit dem Prinzen hinüber zu der Insel. Als sie aber zu der Kirche kamen, hing der Schlüssel ganz oben an der Turmspitze. Nun wußte der Königssohn wieder nicht, wie er ihn herunterkriegen sollte. ‹Du mußt den Raben zu Hilfe rufen›, sagte der Wolf, und das tat der Prinz. Da kam der Rabe geflogen, schwang sich hinauf zu der Turmspitze und holte den Schlüssel herunter. Nun konnte der Prinz in die Kirche kommen; und als er zu dem Brunnen kam, schwamm die Ente darin auf und ab, so wie der Riese gesagt hatte. Der Prinz fing nun an, sie zu locken, und lockte so lange, bis sie so nahe kam, daß er sie greifen konnte. Wie er sie aber aus dem Wasser hob, ließ sie das Ei in den Brunnen fallen. Nun wußte Knut Aschenbröd nicht, wie er das Ei wiederbekommen sollte. ‹Du mußt jetzt den Lachs zu Hilfe rufen›, sagte der Wolf. Da rief der Prinz den Lachs, und dieser kam sogleich und holte das Ei herauf. Nun, sagte der Wolf zu dem Prinzen, solle er das Ei in der Hand drücken; und wie der Prinz das tat, schrie der Riese laut auf. ‹Drück noch einmal zu!› sagte der Wolf; und wie der Prinz noch einmal zudrückte, erhob der Riese ein klägliches Gewinsel und bat und flehte um sein Leben; er wolle auch alles tun, was der Königssohn verlangte, wenn er ihm bloß nicht das Herz entzwei drücken wolle, sagte er. ‹Sage ihm, wenn er deine sechs Brüder, die er in Stein verwandelt hat, wieder in Prinzen verwandelt, und ihre Bräute in Prinzessinnen, dann solle er das Leben behalten›, sagte der Wolf; und das tat der Prinz. Ja, dazu war der Riese sogleich bereit: er verwandelte die sechs Brüder wieder in Prinzen, und ihre Bräute wieder in Prinzessinnen. ‹Drück jetzt das Ei entzwei!› sagte der Wolf. Nun drückte Knut Aschenbröd das Ei entzwei, und da barst der Riese mitten auseinander. Wie sie ihn nun los waren, ritt Knut Aschenbröd wieder zurück nach dem Bergschloß. Da standen alle seine sechs Brüder mit ihren Bräuten frisch und gesund vor ihm, und Knut Aschenbröd ging in den Berg und holte sich die Prinzessin, die wurde nun seine Braut, und darauf reisten sie alle miteinander zurück nach dem Schloß des Königs. Wie nun der alte König alle seine sieben Söhne mit ihren Bräuten ankommen sah, da freute er sich nicht wenig, kannst du glauben; aber die schönste von allen Prinzessinnen war doch die Braut von Knut Aschenbröd, und er mußte sich mit ihr bei Tafel obenan setzen. Darauf hielten alle Prinzen Hochzeit mit ihren Bräuten, und es wurde gefeiert und gejubelt viele Tage lang, und haben sie nicht ausgejubelt, so jubeln sie wohl noch heute.

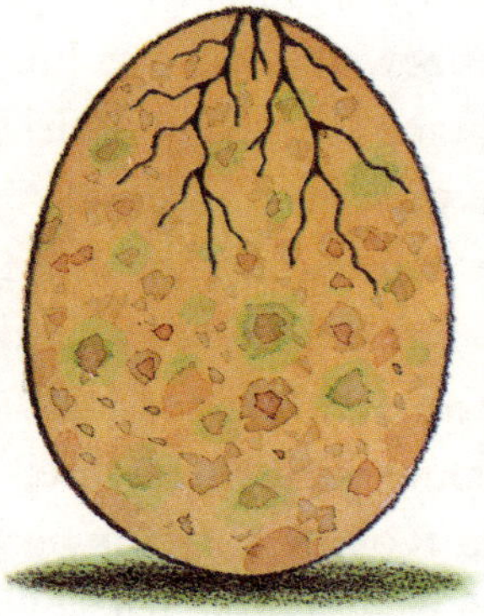

Gebrüder Grimm

Schneeweißchen und Rosenrot

Eine arme Witwe, die lebte einsam in einem Hüttchen, und vor dem Hüttchen war ein Garten, darin standen zwei Rosenbäumchen, davon trug das eine weiße, das andere rote Rosen: und sie hatte zwei Kinder, die glichen den beiden Rosenbäumchen, und das eine hieß Schneeweißchen, das andere Rosenrot. Sie waren aber so fromm und gut, so arbeitsam und unverdrossen, als je zwei Kinder auf der Welt gewesen sind: Schneeweißchen war nur stiller und sanfter als Rosenrot. Rosenrot sprang lieber in den Wiesen und Feldern umher, suchte Blumen und fing Sommervögel: Schneeweißchen aber saß daheim bei der Mutter, half ihr im Hauswesen oder las ihr vor, wenn nichts zu tun war. Die beiden Kinder hatten einander so lieb, daß sie sich immer an den Händen faßten, sooft sie zusammen ausgingen: und wenn Schneeweißchen sagte: ‹Wir wollen uns nicht verlassen›, so antwortete Rosenrot: ‹Solange wir leben, nicht›, und die Mutter setzte hinzu: ‹Was das eine hat, soll's mit dem andern teilen.› Oft liefen sie im Walde allein umher und sammelten rote Beeren, aber kein Tier tat ihnen etwas zuleid, sondern sie kamen vertraulich herbei: das Häschen fraß ein Kohlblatt aus ihren Händen, das Reh graste an ihrer Seite, der Hirsch sprang ganz lustig vorbei, und die Vögel blieben auf den Ästen sitzen und sangen, was sie nur wußten. Kein Unfall traf sie: wenn sie sich im Walde verspätet hatten und die Nacht sie überfiel, so legten sie sich nebeneinander auf das Moos und schliefen, bis der Morgen kam, und die Mutter wußte das und hatte ihretwegen keine Sorge. Einmal, als sie im Walde übernachtet hatten und das Morgenrot sie aufweckte, da sahen sie ein schönes Kind in einem weißen glänzenden Kleidchen neben ihrem Lager sitzen. Es stand auf und blickte sie ganz freundlich an, sprach aber nichts und ging in den Wald hinein. Und als sie sich umsahen, so hatten sie ganz nahe bei einem Abgrunde geschlafen und wären gewiß hineingefallen, wenn sie in der Dunkelheit noch ein paar Schritte weiter gegangen wären. Die Mutter aber sagte ihnen, das müßte der Engel gewesen sein, der gute Kinder bewache.

Schneeweißchen und Rosenrot hielten das Hüttchen der Mutter so reinlich, daß es eine Freude war hineinzuschauen. Im Sommer besorgte Rosenrot das Haus und stellte der Mutter jeden Morgen, ehe sie aufwachte, einen Blumenstrauß vors Bett, darin war von jedem Bäumchen eine Rose. Im Winter zündete Schneeweißchen das Feuer an und hing den Kessel an den Feuerhaken, und der Kessel war von Messing, glänzte aber wie Gold, so rein war er gescheuert. Abends, wenn die Flocken fielen, sagte die Mutter: ‹Geh, Schneeweißchen, und schieb den Riegel vor›, und dann setzten sie sich an den Herd, und die Mutter nahm die Brille und las aus einem großen Buche vor, und die beiden Mädchen hörten zu, saßen und spannen; neben ihnen lag ein Lämmchen auf dem Boden, und hinter ihnen auf einer Stange saß ein weißes Täubchen und hatte seinen Kopf unter den Flügel gesteckt.

Eines Abends, als sie so vertraulich beisammen saßen, klopfte jemand an die Türe, als wollte er eingelassen sein. Die Mutter sprach: ‹Geschwind, Rosenrot, mach auf, es wird ein Wanderer sein, der Obdach sucht.› Rosenrot ging und schob den Riegel weg und dachte, es wäre ein armer Mann, aber der war es nicht, es war ein Bär, der seinen dicken schwarzen Kopf zur Türe hereinstreckte. Rosenrot schrie laut und sprang zurück; das Lämmchen blökte, das Täubchen flatterte auf, und Schneeweißchen versteckte sich hinter der Mutter Bett. Der Bär aber fing an zu sprechen und sagte: ‹Fürchtet euch nicht, ich tue euch nichts zuleid, ich bin halb erfroren und will mich nur ein wenig bei euch wärmen.› ‹Du armer Bär›, sprach die Mutter, ‹leg dich ans Feuer und gib nur acht, daß dir dein Pelz nicht brennt.› Dann rief sie: ‹Schneeweißchen, Rosenrot, kommt hervor, der Bär tut euch nichts, er meint's ehrlich.› Da kamen sie beide heran, und nach und nach näherten sich auch das Lämmchen und Täubchen und hatten keine Furcht vor ihm. Der Bär sprach: ‹Ihr Kinder, klopft mir den Schnee ein wenig aus dem Pelzwerk›, und sie holten den Besen und kehrten dem Bär das Fell rein; er aber streckte sich ans Feuer und brummte ganz vergnügt und behaglich. Nicht lange, so wurden sie ganz vertraut und trieben Mutwillen mit dem unbeholfenen Gast. Sie zausten ihm das Fell mit den Händen, setzten ihre Füßchen auf seinen Rücken, oder sie nahmen eine Haselrute und schlugen auf ihn los, und wenn er brummte, so lachten sie. Der Bär ließ sich's aber gerne gefallen, nur wenn sie's gar zu arg machten, rief er: ‹Laßt mich am Leben, ihr Kinder:

Schneeweißchen, Rosenrot,
schlägst dir den Freier tot.›

Als Schlafenszeit war und die andern zu Bett gingen, sagte die Mutter zu dem Bär: ‹Du kannst in Gottes Namen da am Herde liegenbleiben, so bist du vor der Kälte und dem bösen Wetter geschützt.› Sobald der Tag graute, ließen ihn die beiden Kinder hinaus, und er trabte über den Schnee in den Wald hinein. Von nun an kam der Bär jeden Abend zu der bestimmten Stunde, legte sich an den Herd und erlaubte den Kindern, Kurzweil mit ihm zu treiben, soviel sie wollten; und sie waren so gewöhnt an ihn, daß die Türe nicht eher zugeriegelt ward, als bis der schwarze Gesell angelangt war.

Als das Frühjahr herangekommen und draußen alles grün war, sagte der Bär eines Morgens zu Schneeweißchen: ‹Nun muß ich fort und darf den ganzen Sommer nicht wiederkommen.› ‹Wo gehst du denn hin, lieber Bär?› fragte Schneeweißchen. ‹Ich muß in den Wald und meine Schätze vor den bösen Zwergen hüten: im Winter, wenn die Erde hart gefroren ist, müssen sie wohl unten bleiben und können sich nicht durcharbeiten, aber jetzt, wenn die Sonne die Erde aufgetaut und erwärmt hat, da brechen sie durch, steigen herauf, suchen und stehlen; was einmal in ihren Händen ist und in ihren Höhlen liegt, das kommt so leicht nicht wieder an des Tages Licht.› Schneeweißchen war ganz traurig über den Abschied, und als es ihm die Türe aufriegelte und der Bär sich hinausdrängte, blieb er an dem Türhaken hängen, und ein Stück seiner Haut riß auf, und da war es Schneeweißchen, als hätte es Gold durchschimmern gesehen: aber es war seiner Sache nicht gewiß. Der Bär lief eilig fort und war bald hinter den Bäumen verschwunden.

Nach einiger Zeit schickte die Mutter die Kinder in den Wald, Reisig zu sammeln. Da fanden sie draußen einen großen Baum, der lag gefällt auf dem Boden, und an dem Stamme sprang zwischen dem Gras etwas auf und ab, sie konnten aber nicht unterscheiden, was es war. Als sie näherkamen, sahen sie einen Zwerg mit einem alten, verwelkten Gesicht und einem ellenlangen schneeweißen Bart. Das Ende des Bartes war in eine Spalte des Baums eingeklemmt, und der Kleine sprang hin und her wie ein Hündchen an einem Seil und wußte nicht, wie er sich helfen sollte. Er glotzte die Mädchen mit seinen roten feurigen Augen an und schrie: ‹Was steht ihr da! Könnt ihr nicht herbeigehen und mir Beistand leisten?› ‹Was hast du angefangen, kleines Männchen?› fragte Rosenrot. ‹Dumme neugierige Gans›, antwortete der Zwerg, ‹den Baum habe ich mir spalten wollen, um kleines Holz in der Küche zu haben; bei den dicken Klötzen verbrennt gleich das bißchen Speise, das unsereiner braucht, der nicht so viel hinunterschlingt als ihr grobes gieriges Volk. Ich hatte den Keil schon glücklich hineingetrieben, und es wäre alles nach Wunsch gegangen, aber das verwünschte Holz war zu glatt und sprang unversehens heraus, und der Baum fuhr so geschwind zusammen, daß ich meinen schönen weißen Bart nicht mehr herausziehen konnte; nun steckt er drin, und ich kann nicht fort. Da lachen die albernen glatten Milchgesichter! Pfui, was seid ihr garstig!› Die Kinder gaben sich alle Mühe, aber sie konnten den Bart nicht herausziehen, er steckte zu fest. ‹Ich will laufen und Leute herbeiholen›, sagte Rosenrot. ‹Wahnsinnige Schafsköpfe›, schnarrte der Zwerg, ‹wer wird gleich Leute herbeirufen, ihr seid mir schon um zwei zu viel; fällt euch nichts Besseres ein?› ‹Sei nur nicht ungeduldig›, sagte Schneeweißchen, ‹ich will schon Rat schaffen›, holte sein Scherchen aus der Tasche und schnitt das Ende des Bartes ab. Sobald der Zwerg sich frei fühlte, griff er nach einem Sack, der zwischen den Wurzeln des Baums steckte und mit Gold gefüllt war, hob ihn heraus und brummte vor sich hin: ‹Ungehobeltes Volk, schneidet mir ein Stück von meinem stolzen Barte ab! Lohn's euch der Kuckuck!› Damit schwang er seinen Sack auf den Rücken und ging fort, ohne die Kinder nur noch einmal anzusehen.

Einige Zeit danach wollten Schneeweißchen und Rosenrot ein Gericht Fische angeln. Als sie nahe bei dem Bach waren, sahen sie, daß etwas wie eine große Heuschrecke nach dem Wasser zu hüpfte, als wollte es hineinspringen. Sie liefen heran und erkannten den Zwerg. ‹Wo willst du hin?› sagte Rosenrot, ‹du willst doch nicht ins Wasser?› ‹Solch ein Narr bin ich nicht›, schrie der Zwerg, ‹seht ihr nicht? Der verwünschte Fisch will mich hineinziehen!› Der Kleine hatte da gesessen und geangelt, und unglücklicherweise hatte der Wind seinen Bart mit der Angelschnur verflochten: als gleich darauf ein großer Fisch anbiß, fehlten dem schwachen Geschöpf die Kräfte, ihn herauszuziehen; der Fisch behielt die Oberhand und riß den Zwerg zu sich hin. Zwar hielt er sich an allen Halmen und Binsen, aber das half nicht viel, er mußte den Bewegungen des Fisches folgen und war in beständiger Gefahr, ins Wasser gezogen zu werden. Die Mädchen kamen zur rechten Zeit, hielten ihn fest und versuchten, den Bart von der Schnur loszumachen, aber vergebens: Bart und Schnur waren fest ineinander verwirrt. Es blieb nichts übrig, als das Scherchen hervorzuholen und den Bart abzuschneiden, wobei ein kleiner Teil desselben verlorenging. Als der Zwerg das sah, schrie er sie an: ‹Ist das eine Art, ihr Gesindel, einem das Gesicht zu schänden? Nicht genug, daß ihr mir den Bart unten abgestutzt habt, jetzt schneidet ihr mir den besten Teil davon ab: ich darf mich vor den Meinigen gar nicht sehen lassen. Daß ihr laufen müßtet und die Schuhsohlen verloren hättet!› Dann holte er einen Sack Perlen, der im Schilfe lag, und, ohne ein Wort weiter zu sagen, schleppte er ihn fort und verschwand hinter einem Stein.

Es trug sich zu, daß bald hernach die Mutter die beiden Mädchen nach der Stadt schickte, Zwirn, Nadeln, Schnüre und Bänder einzukaufen. Der Weg führte sie über eine Heide, auf der hier und da mächtige Felsenstücke zerstreut lagen. Da sahen sie einen großen

Vogel in der Luft schweben, der langsam über ihnen kreiste, sich immer tiefer herabsenkte und endlich nicht weit bei einem Felsen niederstieß. Gleich darauf hörten sie einen durchdringenden, jämmerlichen Schrei. Sie liefen herzu und sahen mit Schrecken, daß der Adler ihren alten Bekannten, den Zwerg, gepackt hatte und ihn forttragen wollte. Die mitleidigen Kinder hielten gleich das Männchen fest und zerrten sich so lange mit dem Adler herum, bis er seine Beute fahren ließ. Als der Zwerg sich von dem ersten Schrecken erholt hatte, schrie er mit seiner kreischenden Stimme: ‹Konntet ihr nicht säuberlicher mit mir umgehen? Gerissen habt ihr an meinem dünnen Röckchen, daß es überall zerfetzt und durchlöchert ist, unbeholfenes und täppisches Gesindel, das ihr seid!› Dann nahm er einen Sack mit Edelsteinen und schlüpfte wieder unter den Felsen in seine Höhle. Die Mädchen waren an seinen Undank schon gewöhnt, setzten ihren Weg fort und verrichteten ihr Geschäft in der Stadt. Als sie beim Heimweg wieder auf die Heide kamen, überraschten sie den Zwerg, der auf einem reinlichen Plätzchen seinen Sack mit Edelsteinen ausgeschüttet und nicht gedacht hatte, daß so spät noch jemand daherkommen würde. Die Abendsonne schien über die glänzenden Steine, sie schimmerten und leuchteten so prächtig in allen Farben, daß die Kinder stehenblieben und sie betrachteten. ‹Was steht ihr da und habt Maulaffen feil!› schrie der Zwerg, und sein aschgraues Gesicht ward zinnoberrot vor Zorn. Er wollte mit seinen Scheltworten fortfahren, als sich ein lautes Brummen hören ließ und ein schwarzer Bär aus dem Walde herbeitrabte. Erschrocken sprang der Zwerg auf, aber er konnte nicht mehr zu seinem Schlupfwinkel gelangen, der Bär war schon in seiner Nähe. Da rief er in Herzensangst: ‹Lieber Herr Bär, verschont mich, ich will Euch alle meine Schätze geben, sehet, die schönen Edelsteine, die da liegen. Schenkt mir das Leben, was habt

Ihr an mir kleinen, schmächtigen Kerl? Ihr spürt mich nicht zwischen den Zähnen: da, die beiden gottlosen Mädchen packt, das sind für Euch zarte Bissen, fett wie junge Wachteln, die freßt in Gottes Namen.› Der Bär kümmerte sich um seine Worte nicht, gab dem boshaften Geschöpf einen einzigen Schlag mit der Tatze, und es regte sich nicht mehr.

Die Mädchen waren fortgesprungen, aber der Bär rief ihnen nach: ‹Schneeweißchen und Rosenrot, fürchtet euch nicht, wartet, ich will mit euch gehen.› Da erkannten sie seine Stimme und blieben stehen, und als der Bär bei ihnen war, fiel plötzlich die Bärenhaut ab, und er stand da als ein schöner Mann und war ganz in Gold gekleidet. ‹Ich bin eines Königs Sohn›, sprach er, ‹und war von dem gottlosen Zwerg, der mir meine Schätze gestohlen hatte, verwünscht, als ein wilder Bär in dem Walde zu laufen, bis ich durch seinen Tod erlöst würde. Jetzt hat er seine wohlverdiente Strafe empfangen.›

Schneeweißchen ward mit ihm vermählt und Rosenrot mit seinem Bruder, und sie teilten die großen Schätze miteinander, die der Zwerg in seine Höhle zusammengetragen hatte. Die alte Mutter lebte noch lange Jahre ruhig und glücklich bei ihren Kindern. Die zwei Rosenbäumchen aber nahm sie mit, und sie standen vor ihrem Fenster und trugen jedes Jahr die schönsten Rosen, weiß und rot.

Hans Christian Andersen
Däumelinchen

Es war einmal eine Frau, die sich ein ganz kleines Kind sehr wünschte, aber sie wußte nicht, woher sie es nehmen sollte. Da ging sie zu einer alten Hexe und sagte zu ihr: ‹Ich möchte so herzlich gern ein kleines Kind haben, kannst du mir nicht sagen, wo ich das bekommen kann?›

‹O, damit wollen wir schon fertig werden!› sagte die Hexe. ‹Da hast du ein Gerstenkorn, das ist nicht von der Art wie die, welche auf des Landmanns Feld wachsen oder welche die Hühner zu fressen erhalten, lege es in einen Blumentopf, so wirst du was zu sehen bekommen!›

‹Ich danke dir!› sagte die Frau und gab der Hexe zwölf Schillinge, denn so viel kostete es. Dann ging sie nach Hause und pflanzte das Gerstenkorn. Sogleich wuchs da eine herrliche große Blume, die aussah wie eine Tulpe, aber die Blätter schlossen sich fest zusammen, als ob sie noch eine Knospe wäre.

‹Das ist eine schöne Blume!› sagte die Frau und küßte sie auf die roten und gelben Blätter, aber während sie darauf küßte, öffnete sich die Blume mit einem Knall. Es war eine wirkliche Tulpe, wie man sehen konnte, aber mitten in der Blume saß auf dem grünen Samtgriffel ein kleines Mädchen, fein und niedlich! Es war kaum einen halben Daumen hoch, und deshalb wurde es Däumelinchen genannt.

Eine niedliche, lackierte Walnußschale bekam Däumelinchen zur Wiege, blaue Veilchenblätter waren seine Matratzen und ein Rosenblatt ihre Decke. Da schlief es des Nachts, aber am Tage spielte es auf dem Tische, wo die Frau einen Teller hingestellt und ringsum mit einem Kranze von Blumen belegt hatte, deren Stengel im Wasser standen, darin schwamm ein großes Tulpenblatt, und auf diesem konnte es sitzen und von der einen Seite des Tellers nach der andern fahren, zum Rudern hatte es zwei weiße Pferdehaare. Das sah wunderhübsch aus! Es konnte auch singen und zwar so zart und fein, wie man es noch nie gehört hatte. -

Einst, als es nachts in ihrem schönen Bette lag, kam eine alte Kröte durch das Fenster, in dem eine Scheibe entzwei war, hereingekrochen. Die Kröte war sehr häßlich, groß und naß, sie hüpfte auf den Tisch hinab, wo Däumelinchen lag und unter dem roten Rosenblatte schlief.

‹Das wäre eine schöne Frau für meinen Sohn!› sagte die Kröte und nahm die Walnußschale, worin Däumelinchen schlief, und hüpfte mit ihr durchs Fenster in den Garten hinunter.

Dort floß ein großer, breiter Bach, aber das Ufer war sumpfig und morastig, hier wohnte die Kröte mit ihrem Sohne. Hu! der war häßlich und garstig und glich ganz seiner Mutter. ‹Koax, koax, brekkekekex!› Das war alles, was er sagen konnte, als er die niedliche Kleine in der Walnußschale erblickte.

‹Sprich nicht so laut, denn sonst erwacht sie!› sagte die alte Kröte. ‹Sie könnte uns noch entlaufen, denn sie ist so leicht wie ein

Schwanenflaum! Wir wollen sie auf eins der breiten Nixenblumenblätter in den Bach setzen, das ist für sie, die so leicht und klein ist, eine Insel! Da kann sie nicht davonlaufen, während wir die Stube unter dem Morast, wo ihr wohnen und hausen sollt, instandsetzen.›

Draußen in dem Bach wuchsen viele Nixenblumen mit breiten grünen Blättern, welche aussahen, als schwämmen sie oben auf dem Wasser, das Blatt, welches am weitesten lag, war auch das größte, da schwamm die alte Kröte hinaus und setzte die Walnußschale mit Däumelinchen darauf.

Das kleine, kleine Däumelinchen erwachte frühmorgens, und als es sah, wo es war, fing es recht bitterlich an zu weinen, denn es war an allen Seiten des großen, grünen Blattes Wasser, und es konnte nicht ans Land kommen.

Die alte Kröte saß unten im Morast und putzte ihre Stube mit Schilf und gelben Fischblattblumen aus, es sollte da recht hübsch für die neue Schwiegertochter werden, dann schwamm sie mit dem häßlichen Sohne zum Blatte hinaus, wo Däumelinchen war. Sie wollten ihr hübsches Bett holen, das sollte in das Brautgemach gestellt werden, bevor sie es selbst betrat. Die alte Kröte verneigte sich tief im Wasser vor ihr und sagte: ‹Hier siehst du meinen Sohn, er wird dein Mann sein, und ihr werdet recht prächtig unten im Morast wohnen!›

‹Koax, koax, brekkekekex!› war alles, was der Sohn sagen konnte.

Dann nahmen sie das niedliche, kleine Bett und schwammen damit fort. Aber Däumelinchen saß allein auf dem grünen Blatte und weinte, denn es mochte nicht bei der garstigen Kröte wohnen oder ihren häßlichen Sohn zum Manne haben. Die kleinen Fische, welche unten im Wasser schwammen, hatten die Kröte wohl gesehen und hatten auch gehört, was sie gesagt hatte, deshalb streckten sie die Köpfe hervor: sie wollten auch das kleine Mädchen sehen. Sobald sie es erblickten, fanden sie es so niedlich, daß es ihnen recht leid tat, daß es zur häßlichen Kröte hinunter sollte. Nein, das durfte nie geschehen! Sie versammelten sich unten im Wasser rings um den grünen Stengel, welcher das Blatt hielt, auf dem es stand, und nagten mit den Zähnen den Stiel ab, da schwamm das Blatt den Bach hinab und Däumelinchen davon, weit weg, wo die Kröte es nicht erreichen konnte.

Däumelinchen segelte an vielen Städten vorbei, und die kleinen Vögel saßen in den Büschen, sahen es und sangen: ‹Welch liebliches kleines Mädchen!› Das Blatt schwamm mit ihm immer weiter und weiter fort, so reiste Däumelinchen außer Landes.

Ein niedlicher kleiner, weißer Schmetterling umflatterte es stets und ließ sich zuletzt auf dem Blatt nieder, Däumelinchen gefiel ihm und es war sehr erfreut darüber, denn nun konnte die Kröte es nicht erreichen, und es war so schön, wo es fuhr, die Sonne schien auf das Wasser, und dieses glänzte wie das herrlichste Silber. Es nahm seinen Gürtel und band das eine Ende um den Schmetterling, das andere Ende des Bandes befestigte es am Blatte, das glitt nun schneller davon und es mit, denn es stand ja auf ihm.

Da kam ein großer Maikäfer angeflogen, der erblickte es und schlang augenblicklich seine Klauen um seinen schlanken Leib und flog mit ihm auf den Baum. Das grüne Blatt schwamm den Bach hinab, und der Schmetterling mit, denn er war an dem Blatte festgebunden und konnte nicht von ihm loskommen.

Gott, wie war das arme Däumelinchen erschrocken, als der Maikäfer mit ihm auf den Baum flog. Aber hauptsächlich war es wegen des schönen, weißen Schmetterlings betrübt, den es festgebunden hatte; wenn er sich nun nicht befreien könnte, müßte er ja verhungern. Allein darum kümmerte sich der Maikäfer nicht. Er setzte sich mit ihm auf das größte grüne Blatt des Baumes, gab ihm das Süße der Blumen zu essen und sagte, daß es sehr niedlich sei, obgleich es einem Maikäfer durchaus nicht gliche. Später kamen alle andern Maikäfer, die auf dem Baume wohnten, und machten Visite. Sie betrachteten Däumelinchen und sagten: ‹Es hat nicht einmal mehr als zwei Beine, das sieht erbärmlich aus!› ‹Es hat keine Fühlhörner!› sagte ein anderer. ‹Es ist so schlank in der Taille, pfui! es sieht wie ein Mensch aus!› ‹Wie häßlich es ist!› sagten alle Maikäferinnen, und doch war Däumelinchen wirklich niedlich. Das erkannte auch der Maikäfer, der es geraubt hatte. Aber als alle andern sagten, es sei häßlich, glaubte er es zuletzt auch und wollte es nicht haben, es könne gehen, wohin es wolle. Nun flogen sie mit ihm den Baum hinab und setzten es auf ein Gänseblümchen; da weinte es, weil es meinte, es sei so häßlich, daß die Maikäfer es nicht haben wollten, und doch war es das Lieblichste, was man sich denken konnte, so fein und zart wie das schönste Rosenblatt.

Den ganzen Sommer über lebte das arme Däumelinchen allein in dem großen Wald. Es flocht sich ein Bett aus Grashalmen und hing es unter einem Kleeblatt auf, so war es vor dem Regen geschützt, es pflückte das Süße der Blumen als Speise und trank vom Tau, der jeden Morgen auf den Blättern stand. So vergingen Sommer und Herbst, aber nun kam der Winter, der kalte lange Winter. Alle Vögel, die so schön vor ihm gesungen hatten, flogen davon, Bäume und Blumen entblätterten sich, das große Kleeblatt, unter dem es gewohnt hatte, rollte zusammen, und es blieb nichts als ein verwelkter Stengel zurück. Es fror schrecklich, denn seine Kleider waren entzwei, und es selbst war so fein und klein, das arme Däumelinchen: es mußte erfrieren. Es fing an zu schneien, und jede Schneeflocke, die auf es fiel, war, als wenn man auf uns eine ganze Schaufel voll wirft, denn wir sind so groß, und es war nur einen

Zoll lang. Da hüllte sie sich in ein dürres Blatt ein, aber das riß in der Mitte entzwei und wollte nicht wärmen, es zitterte vor Kälte.

Dicht vor dem Walde, wohin es nun gekommen war, lag ein großes Kornfeld, aber das Korn war seit langer Zeit fort, nur die nackten, trockenen Stoppeln standen aus der gefrorenen Erde hervor. Die waren beim Durchwandern wie ein Wald für es, o, wie zitterte es vor Kälte! Da gelangte es vor die Tür einer Feldmaus. Die hatte ein kleines Loch unter den Kornstoppeln. Da wohnte die Maus warm und gemütlich, hatte die ganze Stube voll Korn, eine herrliche Küche und Speisekammer. Das arme Däumelinchen stellte sich in die Tür wie ein armes Bettelmädchen und bat um ein kleines Stück von einem Gerstenkorn, denn es hatte seit zwei Tagen nicht das mindeste zu essen gehabt.

‹Du armes Tierchen!› sagte die Feldmaus, denn im Grunde war sie eine gute Alte, ‹komm herein in meine warme Stube und speise mit mir!›

Da ihr nun Däumelinchen gefiel, sagte sie: ‹Du kannst meinetwegen den Winter über bei mir bleiben, aber du mußt meine Stube sauber und rein halten und mir Geschichten erzählen, denn die liebe ich sehr.› Und Däumelinchen tat, was die gute alte Feldmaus verlangte und hatte es dafür außerordentlich gut.

‹Nun werden wir bald Besuch erhalten!› sagte die Feldmaus, ‹mein Nachbar pflegt mich jede Woche einmal zu besuchen. Er steht sich noch besser als ich, hat große Säle und trägt einen schönen, schwarzen Samtpelz! Wenn du den nur zum Manne bekommen könntest, so wärst du gut versorgt. Aber er kann nicht sehen. Du mußt ihm die niedlichsten Geschichten erzählen, die du weißt!›

Aber darum kümmerte sich Däumelinchen nicht, ihm lag nichts an dem Nachbarn, denn er war ja ein Maulwurf.

Dieser kam und stattete in seinem schwarzen Samtpelz Besuch

ab. Er sei so reich und gelehrt, sagte die Feldmaus, seine Wohnung sei auch mehr als zwanzigmal größer als die der Feldmaus. Gelehrsamkeit besaß er, aber die Sonne und die schönen Blumen konnte er nicht leiden, von diesen sprach er schlecht, denn er hatte sie nie gesehen.

Däumelinchen mußte singen, und es sang: ‹Maikäfer flieg!› Da verliebte sich der Maulwurf in es, der schönen Stimme wegen, aber er sagte nichts: er war ein besonnener Mann.

Er hatte sich vor kurzem einen langen Gang durch die Erde von seinem bis zu ihrem Hause gegraben, in diesem erhielten die Feldmaus und Däumelinchen Erlaubnis zu spazieren, so viel sie wollten. Aber er bat sie, sich nicht vor dem toten Vogel zu fürchten, der in dem Gange läge. Es war ein ganzer Vogel mit Federn und Schnabel, der sicher erst kürzlich gestorben war und nun da begraben lag, wo jener seinen Gang gemacht hatte.

Der Maulwurf nahm ein Stück faules Holz ins Maul, denn das schimmerte wie Feuer im Dunkeln, und ging dann voran und leuchtete ihnen in dem langen finsteren Gang. Als sie dahin kamen, wo der tote Vogel lag, stemmte der Maulwurf seine breite Nase gegen die Decke und stieß die Erde auf, so daß ein großes Loch entstand, durch welches das Licht hinunter scheinen konnte. Mitten auf dem Fußboden lag eine tote Schwalbe, die schönen Flügel fest an die Seiten gedrückt, die Füße und den Kopf unter die Federn gezogen, der arme Vogel war sicher vor Kälte gestorben. Das tat Däumelinchen sehr leid, es hielt sehr viel von allen kleinen Vögeln, die hatten ja den ganzen Sommer so schön vor ihm gesungen und gezwitschert, aber der Maulwurf stieß ihn mit seinen krummen Beinen an und sagte: ‹Nun pfeift er nicht mehr! Es muß doch erbärmlich sein, als kleiner Vogel geboren zu werden! Gott sei Dank, daß keins von meinen Kindern das wird, ein solcher Vogel hat ja nichts außer seinem Quivit und muß im Winter verhungern!›

‹Ja, das mögt ihr als vernünftiger Mann wohl sagen›, sprach die Feldmaus. ‹Was hat der Vogel für all seinen Quivit, wenn der Winter kommt? Er muß hungern und frieren. Doch das soll wohl vornehm sein!›

Däumelinchen sagte nichts, als aber die beiden andern dem Vogel den Rücken wendeten, neigte es sich herab, schob die Federn zur Seite, welche den Kopf bedeckten, und küßte ihn auf die geschlossenen Augen.

‹Vielleicht war er es, der so hübsch vor mir im Sommer gesungen›, dachte es. ‹Wieviel Freude hat er mir gemacht, der liebe, schöne Vogel!›

Der Maulwurf stopfte nun das Loch zu, durch welches der Tag hereinschien, und begleitete dann die Damen nach Hause. Aber des Nachts konnte Däumelinchen gar nicht schlafen, da stand es aus seinem Bette auf und flocht von Heu einen großen, schönen Teppich, den trug es hin, breitete ihn über den toten Vogel aus und legte die feinen Staubfäden von den Blumen, die weich wie Baumwolle waren und die es in der Stube der Feldmaus gefunden hatte, an die Seite des Vogels, damit er in der Erde warm läge.

‹Lebe wohl, du schöner kleiner Vogel!› sagte es. ‹Lebe wohl und habe Dank für deinen herrlichen Gesang im Sommer, als alle Bäume grün waren und die Sonne warm auf uns herabschien!› Dann legte es sein Haupt an des Vogels Herz. Der Vogel aber war nicht tot; er lag nur erstarrt da, war nun erwärmt und bekam wieder Leben.

Im Herbst fliegen alle Schwalben nach den heißen Ländern fort, aber ist eine da, die sich verspätet, dann friert sie so, daß sie wie tot niederstürzt und liegenbleibt, wo sie hinfällt, der kalte Schnee bedeckt sie dann.

Däumelinchen zitterte, so war es erschrocken, denn der Vogel war ja groß, sehr groß gegen es, das nur einen Zoll lang war. Aber es faßte doch Mut, legte die Baumwolle dichter um die arme Schwalbe, holte ein Krauseminzblatt, welches es selbst zum Zudecken gehabt hatte, und legte dies über den Kopf des Vogels.

In der nächsten Nacht schlich es sich wieder zu ihm, da war er lebendig, aber sehr matt, er konnte nur einen kurzen Augenblick seine Augen öffnen und Däumelinchen ansehen, das mit einem Stück faulen Holzes in der Hand - denn eine andere Laterne hatte es nicht - vor ihm stand. -

‹Ich danke dir, du niedliches kleines Kind!› sagte die kranke Schwalbe zu ihm. ‹Ich bin so herrlich erwärmt! Bald erlange ich meine Kräfte wieder und kann dann draußen im warmen Sonnenschein umherfliegen!›

‹O!› sagte es, ‹es ist kalt draußen, es schneit und friert! Bleib' in deinem warmen Bett, ich werde dich schon pflegen!›

Dann brachte sie der Schwalbe Wasser in einem Blumenblatt, diese trank und erzählte ihm, wie sie sich den einen Flügel an einem Dornbusch wundgerissen und deshalb nicht so schnell habe fliegen können wie die andern Schwalben, welche fortgeflogen seien, weit fort, nach den warmen Ländern. So sei sie zuletzt auf die Erde gefallen, aber an mehr konnte sie sich nicht erinnern und wußte gar nicht, wie sie hierher gekommen war.

Den ganzen Winter blieb sie da nun da unten, und Däumelinchen hegte und pflegte sie so recht von Herzen, weder der Maulwurf noch die Feldmaus erfuhren etwas davon, denn die mochten ja die arme Schwalbe nicht leiden.

Sobald das Frühjahr kam und die Sonne die Erde erwärmte, sagte die Schwalbe dem Däumelinchen Lebewohl, die das Loch öffnete, welches der Maulwurf oben gemacht hatte. Die Sonne schien so herrlich zu ihnen herein, und die Schwalbe fragte, ob es mitkommen wolle, es könne auf ihrem Rücken sitzen, sie wollten weit in den grünen Wald hinein fliegen. Aber Däumelinchen wußte, daß es die alte Feldmaus betrüben würde, wenn es sie so verließe.

‹Nein, ich kann nicht!› sagte Däumelinchen.

‹Lebe wohl, lebe wohl! du gutes, niedliches Mädchen!› sagte die Schwalbe und flog hinaus in den Sonnenschein. Däumelinchen sah ihr nach, und die Tränen traten ihm in die Augen, denn es war der armen Schwalbe herzlich gut.

‹Quivit, quivit!› sang der Vogel und flog in den grünen Wald. – Däumelinchen war sehr betrübt. Es erhielt keine Erlaubnis, in den warmen Sonnenschein hinauszugehen. Das Korn, welches auf dem Felde über dem Hause der Feldmaus gesät war, wuchs auch hoch in die Luft empor, das war ein dichter Wald für das arme, kleine Mädchen, das ja nur einen Zoll lang war.

‹Nun bist du Braut, Däumelinchen!› sagte die Feldmaus. ‹Der Nachbar hat um dich angehalten. Welch großes Glück für ein armes Kind! Nun mußt du deine Aussteuer nähen, sowohl Woll- wie Leinenzeug, denn es darf an nichts fehlen, wenn du des Maulwurfs Frau wirst!›

Däumelinchen mußte die Spindel drehen, und die Feldmaus mietete vier Spinnen, um Tag und Nacht für es zu weben. Jeden Abend besuchte es der Maulwurf und sprach dann immer davon, daß, wenn der Sommer zu Ende gehe, die Sonne lange nicht so warm scheinen werde, sie brenne ja jetzt die Erde so fest wie einen Stein. Ja, wenn der Sommer vorbei sei, dann wolle er mit Däumelinchen Hochzeit halten. Aber das war gar nicht froh, denn es konnte den langweiligen Maulwurf nicht leiden. Jeden Morgen, wenn die Sonne aufging, und jeden Abend, wenn sie unterging, stahl es sich zur Tür hinaus, und wenn dann der Wind die

Kornähren trennte, so daß sie den blauen Himmel erblicken konnte, dachte es daran, wie hell und schön es hier draußen sei, und wünschte sehnlichst, die liebe Schwalbe wiederzusehen. Aber die kam nie wieder, die war gewiß weit weg in den schönen, grünen Wald geflogen.

Als es nun Herbst wurde, hatte Däumelinchen die ganze Aussteuer fertig.

‹In vier Wochen sollst du Hochzeit halten!› sagte die Feldmaus zu ihm. Aber Däumelinchen weinte und sagte, es wolle den langweiligen Maulwurf nicht haben.

‹Schnickschnack!› sagte die Feldmaus, ‹sei nicht widerspenstig, denn sonst werde ich dich mit meinen weißen Zähnen beißen! Es ist ja ein schöner Mann, den du bekommst! Die Königin selbst hat nicht solch einen schwarzen Samtpelz! Er hat Küche und Keller voll. Danke Gott dafür!›

Nun sollte die Hochzeit sein. Der Maulwurf war schon gekommen, Däumelinchen zu holen, es sollte bei ihm wohnen, tief unter der Erde, und nie herauskommen an die warme Sonne, denn die mochte er nicht leiden. Die arme Kleine war sehr betrübt, sie sollte nun der schönen Sonne Lebewohl sagen, die sie doch bei der Feldmaus von der Tür aus immer gesehen hatte.

‹Lebe wohl, du helle Sonne!› sagte sie, streckte die Arme hoch empor und ging auch eine kleine Strecke vor dem Hause der Feldmaus weiter, denn nun war das Korn geerntet, und hier standen nur die trockenen Stoppeln. ‹Lebe wohl, lebe wohl!› sagte sie und schlang ihre Arme um eine kleine, rote Blume, die da noch blühte. ‹Grüße die kleine Schwalbe von mir, wenn du sie zu sehen bekommst!›

‹Quivit, quivit!› ertönte es plötzlich über ihrem Kopfe, sie sah empor, es war die kleine Schwalbe, die gerade vorbeikam. Sobald sie

Däumelinchen erblickte, wurde sie sehr froh. Dieses erzählte ihr, wie ungern es den häßlichen Maulwurf zum Manne nehme, und daß es dann tief unter der Erde wohnen solle, wohin nie die Sonne scheine. Es konnte nicht anders, als dabei zu weinen.

‹Nun kommt der kalte Winter›, sagte die kleine Schwalbe, ‹ich fliege weit fort nach den warmen Ländern, willst du mit mir kommen? Du kannst auf meinem Rücken sitzen, dann fliegen wir von dem häßlichen Maulwurf und seiner dunklen Stube fort, weit weg über die Berge, wo die Sonne schöner scheint als hier, wo immer Sommer ist und es herrliche Blumen gibt. Fliege nur mit mir, du liebes kleines Däumelinchen, das mein Leben gerettet hat, als ich erfroren in dem dunklen Erdkeller lag!›

‹Ja, ich werde mit dir ziehen›, sagte Däumelinchen, setzte sich auf des Vogels Rücken, mit den Füßen auf seine entfaltete Schwinge, und band seinen Gürtel an einer der stärksten Federn fest, da flog die Schwalbe hoch in die Luft, über Wald und See, hoch hinauf über die großen Berge, wo immer Schnee liegt. Und Däumelinchen fror in der kalten Luft, aber dann verkroch es sich unter des Vogels warme Federn und streckte nur den kleinen Kopf hervor, um alle die Schönheiten unter sich zu bewundern.

Endlich kamen sie zu den warmen Ländern. Dort schien die Sonne viel heller als hier, der Himmel war zweimal so hoch, und in Gräben und auf Hecken wuchsen die schönsten grünen und blauen Weintrauben, in den Wäldern hingen Zitronen und Apfelsinen, es duftete von Myrten und Krauseminze, und auf den Landstraßen liefen die niedlichsten Kinder und spielten mit großen bunten Schmetterlingen. Aber die Schwalbe flog noch weiter fort, und es wurde schöner und schöner. Unter den herrlichsten grünen Bäumen an dem blauen See stand ein blendend weißes Marmorschloß, noch aus alten Zeiten! Weinreben rankten sich um die hohen Säulen empor, oben waren viele Schwalbennester, und in einem derselben wohnte die Schwalbe, welche Däumelinchen trug.

‹Hier ist mein Haus!› sagte die Schwalbe. ‹Aber es schickt sich nicht, daß du darin mit wohnst, ich bin nicht so eingerichtet, daß du damit zufrieden sein kannst, suche dir nun selbst eine der prächtigsten Blumen, die da unten wachsen, dann will ich dich hineinsetzen, und du sollst es gut haben, wie du es nur wünschst!›

‹Das ist herrlich!› sagte es und klatschte in die kleinen Hände.

Da lag eine große, weiße Marmorsäule, welche zu Boden gefallen und in drei Stücke zersprungen war: aber zwischen diesen wuchsen die schönsten großen, weißen Blumen. Die Schwalbe flog mit Däumelinchen herunter und setzte es auf eine der breiten Blätter. Aber wie erstaunte dieses! Da saß ein kleiner Mann mitten in der Blume, so weiß und durchsichtig, als wäre er von Glas, die niedlichste Goldkrone trug er auf dem Kopfe und die herrlichsten Flügel an den Schultern, er war selbst nicht größer als Däumelinchen. Es war der Blumenengel. In jeder Blume wohnte so ein kleiner Mann oder eine Frau, aber dieser hier war der König über alle.

‹Gott, wie ist er schön!› flüsterte Däumelinchen der Schwalbe zu. Der kleine Prinz erschrak sehr über die Schwalbe, denn sie war ja gegen ihn, der so klein und fein war, ein Riesenvogel. Aber als er Däumelinchen erblickte, wurde er hoch erfreut, es war das schönste Mädchen, das er je gesehen hatte. Deshalb nahm er seine Goldkrone vom Haupte und setzte sie ihm auf, fragte, wie es heiße und ob es seine Frau werden wolle, dann solle es Königin über alle Blumen sein! Ja, das war freilich ein anderer Mann als der Sohn der Kröte und der Maulwurf mit dem schwarzen Samtpelz. Es sagte deshalb ‹ja!› zu dem herrlichen Prinzen. Und aus jeder Blume kam eine Dame und ein Herr, so niedlich, daß es eine Lust war. Jeder brachte Däumelinchen ein Geschenk, aber das beste von allen waren ein paar schöne Flügel von einer großen, weißen Fliege, die wurden Däumelinchen am Rücken befestigt, und nun konnte es auch von Blume zu Blume fliegen. Da gab es viel Freude, und die kleine Schwalbe saß oben in ihrem Nest und sollte das Hochzeitslied singen, das tat sie denn auch, so gut sie konnte, im Herzen war sie jedoch betrübt, denn sie war Däumelinchen so gut und hätte sich nie von ihm trennen mögen.

‹Du sollst nicht Däumelinchen heißen!› sagte der Blumenengel zu ihr. ‹Das ist ein häßlicher Name, und du bist zu schön dazu. Wir wollen dich Maja nennen.›

‹Lebe wohl, lebe wohl!› sagte die kleine Schwalbe mit schwerem Herzen und flog wieder fort aus den warmen Ländern, weit weg nach Dänemark zurück. Dort hatte sie ein kleines Nest über dem Fenster, wo der Mann wohnt, der Märchen erzählen kann. Vor ihm sang sie ‹Quivit, quivit!› Daher wissen wir die ganze Geschichte.

Gebrüder Grimm
Das Wasser des Lebens

Es war einmal ein König, der war krank, und niemand glaubte, daß er mit dem Leben davonkäme. Er hatte aber drei Söhne, die waren darüber betrübt, gingen hinunter in den Schloßgarten und weinten. Da begegnete ihnen ein alter Mann, der fragte sie nach ihrem Kummer. Sie sagten ihm, ihr Vater wäre so krank, daß er wohl sterben würde; denn es wollte ihm nichts helfen. Da sprach der Alte: ‹Ich weiß noch ein Mittel, das ist das Wasser des Lebens; wenn er davon trinkt, so wird er wieder gesund: es ist aber schwer zu finden.› Der Älteste sagte: ‹Ich will es schon finden›, ging zum kranken König und bat ihn, er möge ihm erlauben auszuziehen, um das Wasser des Lebens zu suchen; denn das könnte ihn allein heilen. ‹Nein›, sprach der König, ‹die Gefahr dabei ist zu groß, lieber will ich sterben.› Er bat aber so lange, bis der König einwilligte. Der Prinz dachte in seinem Herzen: ‹Bringe ich das Wasser, so bin ich meinem Vater der Liebste und erbe das Reich.›

Also machte er sich auf, und als er eine Zeitlang fortgeritten war, stand da ein Zwerg auf dem Wege, der rief ihn an und sprach: ‹Wo hinaus so geschwind?› ‹Dummer Knirps›, sagte der Prinz ganz stolz, ‹das brauchst du nicht zu wissen›, und ritt weiter. Das kleine Männchen aber war zornig geworden und hatte einen bösen Wunsch getan. Der Prinz geriet bald hernach in eine Bergschlucht, und je weiter er ritt, je enger taten sich die Berge zusammen, und endlich ward der Weg so eng, daß er keinen Schritt weiter konnte; es war nicht möglich, das Pferd zu wenden oder aus dem Sattel zu steigen, und er saß da wie eingesperrt. Der kranke König wartete lange Zeit auf ihn, aber er kam nicht. Da sagte der zweite Sohn: ‹Vater, laß mich ausziehen und das Wasser suchen›, und dachte bei sich: ‹Ist mein Bruder tot, so fällt das Reich mir zu.› Der König wollt' ihn anfangs auch nicht ziehen lassen, endlich gab er nach. Der Prinz zog also auf demselben Weg fort, den sein Bruder eingeschlagen hatte, und begegnete auch dem Zwerg, der ihn anhielt und fragte, wohin er so eilig wollte. ‹Kleiner Knirps›, sagte der Prinz, ‹das brauchst du nicht zu wissen›, und ritt fort, ohne sich weiter umzusehen. Aber der Zwerg verwünschte ihn, und er geriet wie der andere in eine Bergschlucht und konnte nicht vorwärts und rückwärts. So geht's den Hochmütigen!

Als auch der zweite Sohn ausblieb, so erbot sich der jüngste, auszuziehen und das Wasser zu holen, und der König mußte ihn endlich ziehen lassen. Als er dem Zwerg begegnete, und dieser fragte, wohin er so eilig wolle, so hielt er an, gab ihm Rede und Antwort und sagte: ‹Ich suche das Wasser des Lebens; denn mein Vater ist sterbenskrank.› ‹Weißt du auch, wo das zu finden ist?› ‹Nein›, sagte der Prinz. ‹Weil du dich betragen hast, wie sich's geziemt, nicht übermütig wie deine falschen Brüder, so will ich dir Auskunft geben und dir sagen, wie du zu dem Wasser des Lebens gelangst. Es quillt aus einem Brunnen in dem Hofe eines verwünschten Schlosses, aber du dringst nicht hinein, wenn ich dir nicht eine eiserne

Rute gebe und zwei kleine Laibe Brot. Mit der Rute schlag dreimal an das eiserne Tor des Schlosses, so wird es aufspringen: inwendig liegen zwei Löwen, die den Rachen aufsperren, wenn du aber jedem ein Brot hineinwirfst, so werden sie still, und dann beeile dich und hol von dem Wasser des Lebens, bevor es zwölf schlägt, sonst schlägt das Tor wieder zu, und du bist eingesperrt.› Der Prinz dankte ihm, nahm die Rute und das Brot und machte sich auf den Weg. Und als er anlangte, war alles so, wie der Zwerg gesagt hatte. Das Tor sprang beim dritten Rutenschlag auf, und als er die Löwen mit dem Brot gesänftigt hatte, trat er in das Schloß und kam in einen großen schönen Saal: darin saßen verwünschte Prinzen, denen zog er die Ringe vom Finger; dann lag da ein Schwert und ein Brot, das nahm er weg. Und weiter kam er in ein Zimmer, darin stand eine schöne Jungfrau, die freute sich, als sie ihn sah, küßte ihn und sagte, er hätte sie erlöst und sollte ihr ganzes Reich haben, und wenn er in einem Jahre wiederkäme, so sollte ihre Hochzeit gefeiert werden. Dann sagte sie ihm auch, wo der Brunnen wäre mit dem Lebenswasser, er müßte sich aber eilen und daraus schöpfen, eh' es zwölf schlüge. Da ging er weiter und kam endlich in ein Zimmer, wo ein schönes frischgedecktes Bett stand, und weil er müde war, wollt' er erst ein wenig ausruhen. Also legte er sich und schlief ein: als er erwachte, schlug es drei Viertel auf zwölf. Da sprang er ganz erschrocken auf, lief zu dem Brunnen und schöpfte daraus mit einem Becher, der daneben stand, und eilte, daß er fortkam. Wie er eben zum eisernen Tor hinausging, da schlug's zwölf, und das Tor schlug so heftig zu, daß es ihm noch ein Stück von der Ferse wegnahm.

Er aber war froh, daß er das Wasser des Lebens erlangt hatte, ging heimwärts und kam wieder an dem Zwerg vorbei. Als dieser das Schwert und das Brot sah, sprach er: ‹Damit hast du großes Gut gewonnen, mit dem Schwert kannst du ganze Heere schlagen, das Brot aber wird niemals all.› Der Prinz wollte ohne seine Brüder nicht zu dem Vater nach Haus kommen und sprach: ‹Lieber Zwerg, kannst du mir nicht sagen, wo meine zwei Brüder sind? Sie sind früher als ich nach dem Wasser des Lebens ausgezogen und sind nicht wiedergekommen.› ‹Zwischen zwei Bergen stecken sie eingeschlossen›, sprach der Zwerg, ‹dahin habe ich sie verwünscht, weil sie so übermütig waren.› Da bat der Prinz solange, bis der Zwerg sie wieder losließ, aber er warnte ihn und sprach: ‹Hüte dich vor ihnen, sie haben ein böses Herz.›

Als seine Brüder kamen, freute er sich und erzählte ihnen, wie es ihm ergangen wäre, daß er das Wasser des Lebens gefunden und einen Becher voll mitgenommen und eine schöne Prinzessin erlöst hätte, die wollte ein Jahr lang auf ihn warten, dann sollte Hochzeit gehalten werden, und er bekäme ein großes Reich. Danach ritten sie zusammen fort und gerieten in ein Land, wo Hunger und Krieg war, und der König glaubte schon, er müßte verderben, so groß war die Not. Da ging der Prinz zu ihm und gab ihm das Brot, womit er sein ganzes Reich speiste und sättigte: und dann gab ihm der Prinz auch das Schwert, damit schlug er die Heere seiner Feinde und konnte nun in Ruhe und Frieden leben. Da nahm der Prinz sein Brot und Schwert wieder zurück, und die drei Brüder ritten weiter. Sie kamen aber noch in zwei Länder, wo Hunger und Krieg herrschten, und da gab der Prinz den Königen jedesmal sein Brot und Schwert und hatte nun drei Reiche gerettet. Und danach setzten sie sich auf ein Schiff und fuhren übers Meer. Während der Fahrt, da sprachen die beiden ältesten unter sich: ‹Der jüngste hat das Wasser des Lebens gefunden und wir nicht, dafür wird ihm unser Vater das Reich geben, das uns gebührt, und er wird unser Glück wegnehmen.› Da wurden sie rachsüchtig und verabredeten miteinander, daß sie ihn verderben wollten. Sie warteten, bis er einmal fest eingeschlafen war, da gossen sie das Wasser des Lebens aus dem Becher und nahmen es für sich, ihm aber gossen sie bitteres Meerwasser hinein.

Als sie nun daheim ankamen, brachte der jüngste dem kranken König seinen Becher, damit er daraus trinken und gesund werden sollte. Kaum aber hatte er ein wenig von dem bitteren Meerwasser getrunken, so ward er noch kränker als zuvor. Und wie er darüber jammerte, kamen die beiden ältesten Söhne und klagten den jüngsten an, er hätte ihn vergiften wollen, sie brächten ihm das richtige Wasser des Lebens, und reichten es ihm. Kaum hatte er davon getrunken, so fühlte er seine Krankheit verschwinden und war stark und gesund wie in seinen jungen Tagen. Danach gingen die beiden zu dem jüngsten, verspotteten ihn und sagten: ‹Du hast zwar das Wasser des Lebens gefunden, aber du hast die Mühe gehabt und wir den Lohn; du hättest klüger sein und die Augen aufbehalten sollen, wir haben dir's genommen, während du auf dem Meere eingeschlafen warst, und übers Jahr, da holt sich einer von uns die schöne Königstochter. Aber hüte dich, daß du nichts davon verrätst, der Vater glaubt dir doch nicht, und wenn du ein einziges Wort sagst, so sollst du noch obendrein dein Leben verlieren, schweigst du aber, so soll dir's geschenkt sein.›

Der alte König war zornig über seinen jüngsten Sohn und glaubte, er hätte ihm nach dem Leben getrachtet. Also ließ er den Hof versammeln und das Urteil über ihn sprechen, daß er heimlich sollte erschossen werden. Als der Prinz nun einmal auf die Jagd ritt und nichts Böses vermutete, mußte des Königs Jäger mitgehen. Draußen, als sie ganz allein im Wald waren und der Jäger so traurig aussah, sagte der Prinz zu ihm: ‹Lieber Jäger, was fehlt dir?› Der Jäger sprach: ‹Ich kann's nicht sagen und soll es doch.› Da sprach der

Prinz: ‹Sage heraus, was es ist, ich will dir's verzeihen.› ‹Ach›, sagte der Jäger, ‹ich soll Euch totschießen, der König hat mir's befohlen.› Da erschrak der Prinz und sprach: ‹Lieber Jäger, laß mich leben, da geb' ich dir mein königliches Kleid, gib mir dafür dein schlechtes.› Der Jäger sagte: ‹Das will ich gerne tun, ich hätte doch nicht nach Euch schießen können.› Da tauschten sie die Kleider, und der Jäger ging heim, der Prinz aber ging weiter in den Wald hinein.

Über eine Zeit, da kamen zu dem alten König drei Wagen mit Gold und Edelsteinen für seinen jüngsten Sohn: sie waren aber von den drei Königen geschickt, die mit des Prinzen Schwert die Feinde geschlagen und mit seinem Brot ihr Land ernährt hatten, und die sich dankbar bezeigen wollten. Da dachte der alte König: ‹Sollte mein Sohn unschuldig gewesen sein?› und sprach zu seinen Leuten: ‹Wäre er noch am Leben, wie tut mir's so leid, daß ich ihn habe töten lassen.› ‹Er lebt noch›, sprach der Jäger, ‹ich konnte es nicht übers Herz bringen, Euern Befehl auszuführen›, und sagte dem König, wie es zugegangen war. Da fiel dem König ein Stein von dem Herzen, und er ließ in allen Reichen verkündigen, sein Sohn dürfte wiederkommen und sollte in Gnaden aufgenommen werden.

Die Königstochter aber ließ eine Straße vor ihrem Schloß machen, die war ganz golden und glänzend, und sagte ihren Leuten, wer darauf geradewegs zu ihr geritten käme, das wäre der rechte, und den sollten sie einlassen, wer aber daneben käme, der wäre der rechte nicht, und den sollten sie auch nicht einlassen. Als nun die Zeit bald herum war, dachte der älteste, er wollte sich eilen, zur Königstochter gehen und sich für ihren Erlöser ausgeben, da bekäme er sie zur Gemahlin und das Reich dazu. Also ritt er fort, und als er vor das Schloß kam und die schöne goldene Straße sah, dachte er: ‹Das wäre jammerschade, wenn du darauf rittest›, lenkte ab und ritt rechts nebenher. Wie er aber vor das Tor kam, sagten die Leute zu ihm, er wäre der rechte nicht, er sollte wieder fortgehen. Bald darauf machte sich der zweite Prinz auf, und wie der zur goldenen Straße kam und das Pferd den einen Fuß darauf gesetzt hatte, dachte er: ‹Es wäre jammerschade, das könnte etwas abtreten›, lenkte ab und ritt links nebenher. Wie er aber vor das Tor kam, sagten die Leute, er wäre der rechte nicht, er sollte wieder fortgehen. Als nun das Jahr ganz herum war, wollte der dritte aus dem Wald fort zu seiner Liebsten reiten und bei ihr sein Leid vergessen. Also machte er sich auf und dachte immer an sie und wäre gerne schon bei ihr gewesen und sah die goldene Straße gar nicht. Da ritt sein Pferd mitten darüber hin, und als er vor das Tor kam, ward es aufgetan, und die Königstochter empfing ihn mit Freuden und sagte, er wär' ihr Erlöser und der Herr des Königreichs, und ward die Hochzeit gehalten mit großer Glückseligkeit. Und als sie vorbei war, erzählte sie ihm, daß sein Vater ihn zu sich bestellt und ihm verziehen hätte. Da ritt er hin und sagte ihm alles, wie seine Brüder ihn betrogen, und er doch dazu geschwiegen hätte. Der alte König wollte sie strafen, aber sie hatten sich aufs Meer gesetzt und waren fortgeschifft und kamen ihr Lebtag nicht wieder.

Gebrüder Grimm

Der junge Riese

Ein Bauersmann hatte einen Sohn, der war so groß wie ein Daumen und ward gar nicht größer und wuchs in etlichen Jahren nicht ein Haarbreit. Einmal wollte der Bauer ins Feld gehen und pflügen, da sagte der Kleine: ‹Vater, ich will mit hinaus.› ‹Du willst mit hinaus?› sprach der Vater, ‹bleib du hier, dort bist du zu nichts nutze: du könntest mir auch verloren gehen.› Da fing der Däumling an zu weinen, und um Ruhe zu haben, steckte ihn der Vater in die Tasche und nahm ihn mit. Draußen auf dem Felde holte er ihn wieder heraus und setzte ihn in eine frische Furche. Wie er da so saß, kam über den Berg ein großer Riese daher. ‹Siehst du dort den großen Butzemann?› sagte der Vater und wollte den Kleinen schrecken, damit er artig wäre, ‹der kommt und holt dich.› Der Riese aber hatte mit seinen langen Beinen kaum ein paar Schritte getan, so war er bei der Furche. Er hob den kleinen Däumling mit zwei Fingern behutsam in die Höhe, betrachtete ihn und ging, ohne ein Wort zu sprechen, mit ihm fort. Der Vater stand dabei, konnte vor Schrecken keinen Laut hervorbringen und dachte nicht anders als sein Kind für verloren, also daß er's sein Lebtag nicht wieder mit Augen sehen würde.

Der Riese aber trug es heim und ließ es an seiner Brust saugen, und der Däumling wuchs und ward groß und stark nach Art der Riesen. Nach Verlauf von zwei Jahren ging der Alte mit ihm in den Wald, wollte ihn prüfen und sprach: ‹Zieh dir eine Gerte heraus.› Da war der Knabe schon so stark, daß er einen jungen Baum mit den Wurzeln aus der Erde riß. Der Riese aber meinte: ‹Das muß besser kommen›, nahm ihn wieder mit und säugte ihn noch zwei Jahre. Als er ihn versuchte, hatte seine Kraft schon so zugenommen, daß er einen alten Baum aus der Erde brechen konnte. Das war dem Riesen noch immer nicht genug, er säugte ihn abermals zwei Jahre, und als er dann mit ihm in den Wald ging und sprach: ‹Nun reiß einmal eine ordentliche Gerte aus›, so riß der Junge den dicksten Eichenbaum aus der Erde, daß er krachte, und war ihm nur ein Spaß. ‹Nun ist's genug›, sprach der Riese, ‹du hast ausgelernt›, und führte ihn zurück auf den Acker, wo er ihn geholt hatte. Sein Vater stand da hinter dem Pflug, der junge Riese ging auf ihn zu und sprach: ‹Sieht Er wohl, Vater, was Sein Sohn für ein Mann geworden ist.› Der Bauer erschrak und sagte: ‹Nein, du bist mein Sohn nicht, ich will dich nicht, geh weg von mir.› ‹Freilich bin ich Sein Sohn, laß Er mich an die Arbeit, ich kann pflügen so gut als Er und noch besser.› ‹Nein, nein, du bist mein Sohn nicht, du kannst auch nicht pflügen, geh weg von mir.› Weil er sich aber vor dem großen Mann fürchtete, ließ er den Pflug los, trat zurück und setzte sich zur Seite ans Land. Da nahm der Junge das Geschirr und drückte bloß mit einer Hand darauf, aber der Druck war so gewaltig, daß der Pflug tief in die Erde ging. Der Bauer konnte das nicht mitansehen und rief ihm zu: ‹Wenn du pflügen willst, mußt du nicht so gewaltig drücken, das gibt schlechte Arbeit.› Der Junge aber spannte die

Pferde aus, zog selber den Pflug und sagte: ‹Geh Er nur nach Haus, Vater, und lass' Er die Mutter eine große Schüssel voll Essen kochen; ich will derweil den Acker schon umreißen.› Da ging der Bauer heim und bestellte das Essen bei seiner Frau: der Junge aber pflügte das Feld, zwei Morgen groß, ganz allein, und dann spannte er sich auch selber vor die Egge und eggte alles mit zwei Eggen zugleich. Wie er fertig war, ging er in den Wald und riß zwei Eichenbäume aus, legte sie auf die Schultern und hinten und vorn eine Egge darauf und hinten und vorn auch ein Pferd und trug das alles, als wär' es ein Bund Stroh, nach seiner Eltern Haus. Wie er in den Hof kam, erkannte ihn seine Mutter nicht und fragte: ‹Wer ist der entsetzliche, große Mann?› Der Bauer sagte: ‹Das ist unser Sohn.› Sie sprach: ‹Nein, unser Sohn ist das nimmermehr, so groß haben wir keinen gehabt, unser war ein kleines Ding.› Sie rief ihm zu: ‹Geh fort, wir wollen dich nicht.› Der Junge schwieg still, zog seine Pferde in den Stall, gab ihnen Hafer und Heu, alles, wie sich's gehörte. Als er fertig war, ging er in die Stube, setzte sich auf die Bank und sagte: ‹Mutter, nun hätte ich Lust zu essen, ist's bald fertig?› Da sagte sie: ‹Ja›, und brachte zwei große, große Schüsseln voll herein, daran hätten sie und ihr Mann acht Tage lang satt gehabt. Der Junge aber aß sie allein auf und fragte, ob sie nicht mehr vorsetzen könnte. ‹Nein›, sagte sie, ‹das ist alles, was wir haben.› ‹Das war ja nur zum Schmecken, ich muß mehr haben.› Sie getraute nicht, ihm zu widerstehen, ging hin und setzte einen großen Schweinekessel voll übers Feuer, und wie es gar war, trug sie es herein. ‹Endlich kommen noch ein paar Brocken›, sagte er und aß alles auf; es war aber doch nicht genug, seinen Hunger zu stillen. Da sprach er: ‹Vater, ich sehe wohl, bei Ihm werd' ich nicht satt, will Er mir einen Stab von Eisen verschaffen, der stark ist und den ich vor meinen Knieen nicht zerbrechen kann, so will ich fort in die Welt gehen.› Der Bauer war froh, spannte seine zwei Pferde vor den Wagen und holte bei dem Schmied einen Stab so groß und dick, daß ihn nur die zwei Pferde fortschaffen konnten. Der Junge nahm ihn vor die Knie und ratsch! brach er ihn wie eine Bohnenstange in der Mitte entzwei und warf ihn weg. Der Vater spannte vier Pferde vor und holte einen Stab so groß und dick, wie ihn die vier Pferde fortschaffen konnten. Der Sohn knickte auch diesen vor dem Knie entzwei, warf ihn hin und sprach: ‹Vater, der kann mir nicht helfen, Er muß besser vorspannen und einen stärkern Stab holen.› Da spannte der Vater acht Pferde vor und holte einen so groß und dick, wie ihn die acht Pferde herbeifahren konnten. Wie der Sohn den in die Hand nahm, brach er gleich oben ein Stück davon ab und sagte: ‹Vater, ich sehe, Er kann mir keinen Stab anschaffen, wie ich ihn brauche, ich will nicht länger bei Ihm bleiben.›

Da ging er fort und gab sich für einen Schmiedegesellen aus. Er kam in ein Dorf, darin wohnte ein Schmied, der war ein Geizmann, gönnte keinem Menschen etwas und wollte alles allein haben; zu dem trat er in die Schmiede und fragte, ob er keinen Gesellen brauchte. ‹Ja›, sagte der Schmied, sah ihn an und dachte: ‹Das ist ein tüchtiger Kerl, der wird gut vorschlagen und sein Brot verdienen.› Er fragte: ‹Wieviel willst du Lohn haben?› ‹Gar keinen will ich haben›, antwortete er, ‹nur alle vierzehn Tage, wenn die andern Gesellen ihren Lohn bezahlt kriegen, will ich dir zwei Streiche geben, die mußt du aushalten.› Da war der Geizmann von Herzen zufrieden und dachte, damit viel Geld zu sparen. Am anderen Morgen sollte der fremde Geselle zuerst das Eisen vorschlagen, wie aber der Meister den glühenden Stab brachte und jener den ersten Schlag tat, so flog das Eisen voneinander, und der Amboß sank in die Erde, so tief, daß sie ihn gar nicht wieder herausbringen konnten. Da ward der Geizmann bös und sagte: ‹Ei was, dich kann ich nicht brauchen, du schlägst gar zu grob, was willst du für den einen Zuschlag haben?› Da sprach er: ‹Ich will dir nur einen ganz kleinen Streich geben, weiter nichts.› Und hob seinen Fuß auf und gab ihm einen Tritt, daß er über vier Fuder Heu hinausflog. Darauf suchte er sich den dicksten Eisenstab aus, der in der Schmiede war, nahm ihn als Stock in die Hand und ging weiter.

Als er eine Weile gezogen war, kam er zu einem Gehöft und fragte den Amtmann, ob er keinen Großknecht nötig hätte. ‹Ja›, sagte der Amtmann, ‹ich kann einen brauchen: du siehst aus wie ein tüchtiger Kerl, der schon was vermag, wieviel willst du Jahrslohn haben?› Er antwortete wiederum, er verlangte gar keinen Lohn, aber alle Jahre wollte er ihm drei Streiche geben, die müßte er aushalten. Das war der Amtmann zufrieden; denn er war auch ein Geizhals. Am andern Morgen, da sollten die Knechte ins Holz fahren und die andern Knechte waren schon auf, er aber lag noch im Bett. Da rief ihn einer an: ‹Steh auf, es ist Zeit, wir wollen ins Holz, und du mußt mit.› ‹Ach›, sagte er ganz grob und trotzig, ‹geht ihr nur hin, ich komme doch eher wieder als ihr alle miteinander.› Da gingen die andern zum Amtmann und erzählten ihm, der Großknecht läge noch im Bett und wollte nicht mit ins Holz fahren. Der Amtmann sagte, sie sollten ihn noch einmal wecken und ihm befehlen, die Pferde vorzuspannen. Der Großknecht sprach aber wie vorher: ‹Geht ihr nur hin, ich komme doch eher wieder als ihr alle miteinander.› Darauf blieb er noch zwei Stunden liegen, da stieg er endlich aus den Federn, holte sich aber erst zwei Eimer voll Erbsen vom Boden, kochte sich einen Brei und aß den mit guter Ruhe, und wie das alles geschehen war, ging er hin, spannte die Pferde vor und fuhr ins Holz. Nicht weit vor dem Holz war ein Hohlweg, wo er durch mußte, da fuhr er den Wagen erst vorwärts, dann mußten die Pferde stille halten, und er ging hinter den Wagen, nahm Bäume und Reisig und legte sie quer, so daß kein Pferd durchkommen konnte. Wie er nun vors Holz kam, fuhren die andern eben mit ihren beladenen Wagen heraus und wollten heim, da sprach er zu ihnen: ‹Fahrt nur hin, ich komme doch eher als ihr nach Haus.› Er fuhr gar nicht weit ins Holz, riß gleich zwei der allergrößten Bäume aus der Erde, warf sie auf den Wagen und drehte um. Als er vor der Wegsperre anlangte, standen die andern noch da und konnten nicht durch. ‹Seht ihr wohl›, sprach er, ‹wärt ihr bei mir geblieben, so wärt ihr ebenso schnell nach Haus gekommen und hättet noch eine Stunde schlafen können.› Er wollte nun durch die Sperre hindurch, aber seine Pferde hatten nicht genug Kraft, da spannte er sie aus, legte sie oben auf den Wagen, nahm selber die Deichsel in die Hand, und hüf! zog er alles durch das Hindernis, und das ging so leicht, als hätt' er Federn geladen. Wie er drüben war, sprach er zu den andern: ‹Seht ihr wohl, ich bin schneller hindurch als ihr›, fuhr weiter, und die andern mußten stehenbleiben. In dem Hof aber nahm er einen Baum in die Hand, zeigte ihn dem Amtmann und sagte: ‹Ist das nicht ein schönes Stückchen Holz?› Da sprach der Amtmann zu seiner Frau: ‹Der Knecht ist gut; wenn er auch lang schläft, er ist doch eher wieder da als die andern.›

Nun diente er dem Amtmann ein Jahr: wie das herum war, und die andern Knechte ihren Lohn kriegten, sprach er, es wäre Zeit, er wollte sich auch seinen Lohn nehmen. Dem Amtmann ward aber angst vor den Streichen, die er kriegen sollte, und bat ihn inständig, er möchte sie ihm schenken, lieber wollte er selbst Großknecht werden, und er sollte Amtmann sein. ‹Nein›, sprach er, ‹ich will kein Amtmann werden, ich bin Großknecht und will's bleiben, ich will aber austeilen, wie es ausgemacht ist.› Der Amtmann wollte ihm geben, was er nur verlangte, aber es half nichts, der Großknecht sprach zu allem: ‹Nein.› Da wußte sich der Amtmann nicht zu helfen und bat ihn um vierzehn Tage Frist, er wollte sich auf etwas besinnen. Der Großknecht sprach, die Frist sollte er haben. Der Amtmann berief alle seine Schreiber zusammen, sie sollten sich bedenken und ihm einen Rat geben. Die Schreiber besannen sich lange, endlich sagten sie, vor dem Großknecht wäre niemand seines Lebens sicher, der schlüge einen Menschen wie eine Mücke tot. Er sollte ihnen auftragen, in den Brunnen zu steigen und ihn zu reinigen; wenn er unten wäre, wollten sie einen von den Mühlensteinen, die da lägen, herbeirollen und ihm auf den Kopf werfen, dann würde er nicht wieder an des Tages Licht kommen. Der Rat gefiel dem Amtmann, und der Großknecht war bereit, in den Brunnen hinabzusteigen. Als er unten auf dem Grund stand, rollten sie den größten Mühlenstein hinab und meinten, der Kopf wäre ihm eingeschlagen, aber er rief: ‹Jagt die Hühner vom Brunnen weg, die kratzen da oben im Sand und werfen mir die Körner in die Augen, daß ich nicht sehen kann.› Da rief der Amtmann: ‹Husch! husch!› und tat, als scheuchte er die Hühner weg. Als der Großknecht mit seiner Arbeit fertig war, stieg er herauf und sagte: ‹Seht einmal, ich habe doch ein schönes Halsband um›, da war es der Mühlenstein, den er um den Hals trug. Der Großknecht wollte jetzt seinen Lohn nehmen, aber der Amtmann bat wieder um vierzehn Tage Bedenkzeit. Die Schreiber kamen zusammen und gaben den Rat, er sollte den Großknecht in die verwünschte Mühle schicken, um dort in der Nacht Korn zu mahlen: von da wäre noch kein Mensch morgens lebendig herausgekommen. Der Vorschlag gefiel dem Amtmann, er rief den Großknecht noch denselben Abend und hieß ihn acht Malter Korn in die Mühle fahren und in der Nacht noch mahlen; sie hätten's nötig. Da ging der Großknecht auf den Dachboden und tat zwei Malter in seine rechte Tasche, zwei in die linke, vier nahm er in einem Quersack halb auf den Rücken, halb auf die

Brust, und ging so beladen nach der verwünschten Mühle. Der Müller sagte ihm, bei Tag könnte er recht gut da mahlen, aber nicht in der Nacht, da wäre die Mühle verwünscht, und wer da hineingegangen wäre, den hätte man am Morgen tot darin gefunden. Er sprach: ‹Ich will schon durchkommen, macht euch nur fort und legt euch aufs Ohr.› Darauf ging er in die Mühle und schüttete das Korn auf. Gegen elf Uhr ging er in die Müllerstube und setzte sich auf die Bank. Als er ein Weilchen da gesessen hatte, tat sich auf einmal die Tür auf, und es kam ein großer, großer Tisch herein, und auf den Tisch stellte sich Wein und Braten und viel gutes Essen, alles von selber; denn es war niemand da, der's auftrug. Und danach rückten sich die Stühle herbei, aber es kamen keine Leute, bis er auf einmal Finger sah, die hantierten mit den Messern und Gabeln und legten Speisen auf die Teller, aber sonst konnte er nichts sehen. Da er hungrig war und die Speisen sah, so setzte er sich auch an die Tafel, aß mit und ließ sich's gut schmecken. Als er satt war und die andern ihre Schüsseln auch ganz leer gemacht hatten, da wurden die Lichter auf einmal alle ausgelöscht, das hörte er deutlich, und wie's nun stockfinster war, so kriegte er so etwas wie eine Ohrfeige ins Gesicht. Da sprach er: ‹Wenn noch einmal so etwas kommt, so teil' ich auch wieder aus.› Und wie er zum zweitenmal eine Ohrfeige kriegte, da schlug er gleichfalls mit hinein. Und so ging das fort die ganze Nacht, er nahm nichts umsonst, sondern gab reichlich zurück und schlug nicht faul um sich herum: bei Tagesanbruch aber hörte alles auf. Wie der Müller aufgestanden war, wollt' er nach ihm sehen und verwunderte sich, daß er noch lebte. Da sprach er: ‹Ich habe mich satt gegessen, habe Ohrfeigen gekriegt, aber ich habe auch Ohrfeigen ausgeteilt.› Der Müller freute sich und sagte, nun wäre die Mühle erlöst, und wollte ihm gern zur Belohnung viel Geld gehen. Er sprach aber: ‹Geld will ich nicht, ich habe doch genug.› Dann nahm er sein Mehl auf den Rücken, ging nach Haus und sagte dem Amtmann, er hätte die Sache erledigt und wollte nun seinen Lohn haben. Wie der Amtmann das hörte, da ward ihm erst recht angst: er wußte sich nicht zu lassen, ging in der Stube auf und ab, und die Schweißtropfen liefen ihm von der Stirne herunter. Da machte er das Fenster auf nach frischer Luft, eh' er sich's aber versah, hatte ihm der Großknecht einen Tritt gegeben, daß er durchs Fenster in die Luft hineinflog, immer fort, bis ihn niemand mehr sehen konnte. Da sprach der Großknecht zur Frau des Amtmanns: ‹Kommt er nicht wieder, so müßt Ihr den anderen Streich hinnehmen.› Sie rief: ‹Nein, nein, ich kann's nicht aushalten›, und machte das andere Fenster auf, weil ihr die Schweißtropfen die Stirne herunterliefen. Da gab er ihr einen Tritt, daß sie gleichfalls hinausflog, und da sie leichter war, noch viel höher als ihr Mann. Der Mann rief: ‹Komm doch zu mir›, sie aber rief: ‹Komm du zu mir, ich kann nicht zu dir.› Und sie schwebten da in der Luft, und konnte keins zum andern kommen, und ob sie da noch schweben, das weiß ich nicht; der junge Riese aber nahm seine Eisenstange und ging weiter.

Inhalt

Sonderausgabe für Weltbild Verlag, Augsburg
Gestaltung: Friederike Pondelik und Hans-Joachim Schauß
Lektorat: Eva Girke-Labonté
Printed in Italy

ISBN: 3-89604-481-8